日本仏教史研究叢書

『遊心安楽道』と日本仏教

愛宕邦康

法藏館

『遊心安楽道』と日本仏教＊目次

装幀　山崎　登

『遊心安楽道』と日本仏教

はしがき

新羅華厳宗僧元暁《がんぎょう》（六一七〜六八六）により撰述された『遊心安楽道《ゆうしんあんらくどう》』は凡夫正機説を提言する著述として有名であり、我が国の浄土教学の方向性を決定付けた典籍の一つとして知られている。またこの著述は光明真言に関する最重要典籍としても認知され、その教学的特色は新羅密教学を特徴付ける重要コンセプトとして組み入れられていた。

たとえば『遊心安楽道』の一文「浄土宗意。本為㆓凡夫㆒兼為㆓聖人㆒」に着目する浄土宗祖法然（一一三三〜一二一二）は、その著『選択本願念仏集』に浄土宗名の典拠としてこの一文を挙げている。法然在世当時の仏教界は華厳宗、律宗、法相宗、三論宗、天台宗、真言宗の六宗派、そして人員の減少を理由に法相宗、三論宗のそれぞれに編入されていた倶舎宗、成実宗の二学派によって構成されており、新興浄土宗は自宗開宗の正当性を他宗に認知させる必要に迫られていた。

そこで法然は自他宗の祖師が浄土宗の名称を使用していることの実例として、また唐や新羅においてはすでに浄土宗の名称が広く一般化していることの実例として、この『遊心安楽道』の一文を『西方要決』の一文「依㆓此一宗㆒」や『浄土論』の一文「此之一宗窃為㆓要路㆒」とともに提示する。これによって他宗からの非難を牽制し、浄土宗が認知されるべき正統な宗派であることを論証しようとしたのである。ちなみに『西方要決』を撰述した慈恩（六三二〜六八二）は唐法相宗、『浄土論』を撰述した迦才は唐浄土宗に位置付けられる。

一方、華厳宗の明恵（一一七三～一二三二）は『遊心安楽道』に亡者の追福法として提示される光明真言の土砂加持の修法に着目し、自らの光明真言信仰を揺るぎないものとしている。光明真言の土砂加持とは、「オン、アボキャ、ベイロシャノウ、マカボダラ、マニ、ハンドマ、ジンバラ、ハラバリタヤ、ウン」という光明真言で加持した土砂を、遺体や墓上に撒布すれば亡者の業障が除かれて極楽往生が可能になるとする密教的修法である。

明恵は光明真言の土砂加持の弘通を目的に撰述した『光明真言土砂勧信記』において、元暁の略伝を掲げた後に「経文うたがふべからざるに、あはせてかゝる行徳不思議の大智の呪砂にあふをもて有縁とすとをほせられたる。たのもしきことにあらずや」と続け、その功能の信ずべき根拠をひとえに元暁の行徳に求めている。そればかりか『宋高僧伝』「唐新羅国黄龍寺元暁伝」に立脚して作成した絵巻『華厳宗祖師絵伝』においては、智拳印を結んで光明真言を唱える元暁や民衆の描写を随所に配置し、新羅では元暁の教化によって光明真言が広く一般民衆にまで浸透していたことを表現している。明恵にとって元暁はあくまでも光明真言信仰を広播した比類なき密教僧であり、元暁の活躍した新羅は紛う方なき光明真言先進国だったのである。

ところが大正三年（一九一四）、八世紀末から九世紀初頭に元暁の業績を刻し建立されたとみられる塔碑の断石三片が、慶州郊外の渓流中から発見され、状況は一変することとなる。その碑文にはそれまで不詳とされていた元暁の没年を唐垂拱二年（六八六）に特定する記述が存在し、これによって元暁没後に訳出された『不空羂索神変真言経』（七〇九）と『大宝積経』（七一三）の両経が、『遊心安楽道』に引用されている矛盾が明白となったのである。

翻って考えれば、たしかにこの著述にはかねてより多数の問題点が指摘されていた。そもそもこの『遊心安楽道』は十一世紀後半の叡山に突如として出現し、以降も常に我が国においてのみ存在が確認される著述であり、朝鮮半島においては近年に至るまでその名が人口に膾炙することすらなかった。またそこに論じられる教学も、元暁仏教学や新羅仏教学の範疇を大きく逸脱するものであり、この著述の介在によって構築された我が国の新羅仏教に関する認識と朝鮮半島における認識との間には、計り知れないほどの相違が生じていた。

ならば、はたして『遊心安楽道』はいつ、誰によって撰述された著述なのだろうか。またその結果いかんによって日羅両国の仏教学や仏教史はどのように書き換えられるのだろうか。本書はそれらの問題の相対的な解明を主眼とするものである。

平成十七年四月二十五日、新羅仏教学者亡父顕昌之忌日識之

愛宕邦康

第一章　『遊心安楽道』元暁偽撰説とその撰述者論争

はじめに

古来より新羅僧元暁の伝記は以下の記述を中心に論じられてきた。

・『宋高僧伝』（九八八）「唐新羅国黄龍寺元暁伝」「唐新羅国義湘伝」
・『三国史記』（一一四五）「薛聡」
・『三国遺事』（十三世紀末から十四世紀初頭）「太宗春秋公」「東京興輪寺金堂十聖」「洛山二大聖」
「元暁不羈」「義湘伝教」「蛇福不言」「二恵同塵」「広徳厳荘」

しかし、いずれにも元暁の没年は示されておらず、その生存年は没年不詳のまま（六一七～?）と記すほかなかった。ところが大正三年（一九一四）、元暁の業績を刻し建立されたとみられる塔碑の断石三片が、朝鮮総督府参事官室出張員の中里伊十郎氏によって慶州郊外の渓流中から発見され、元暁の生存年（六一七～六八六）が特定されるに至る。その十八行目に「以垂拱二年三月三十日終於穴寺。春秋七十也」(1)と、元暁が唐垂拱二年（六八六）に七十歳で示寂したとする記述が存在したのである。

「誓幢和上塔碑」や「高仙寺誓幢和上塔碑」とも仮称されるこの塔碑は、碑身上半部を欠いているために塔碑名、建立年などの多くが明らかではない。しかし現存する碑文が『朝鮮金石総覧』に採録され、また小田幹治郎氏、葛城末治氏、八百谷孝保氏、本井信雄氏らによって詳細な検証がなされているため、その概要を窺い知ることは可能となる(2)。

それらによれば、本塔碑は縦三尺（九〇・九〇センチ）、幅三尺一寸（九三・九三センチ）、厚さ八寸（二四・二四センチ）、全三十三行で字径は六分（一・八二センチ）、行書をもって記述されている。一行の字数は現存部分から三十二字以上であることが確実だが、碑身上半部欠損のために明言することはできない。

また建立時期の特定に関しても、『朝鮮金石総覧』が新羅恵恭王代（七六五〜七八〇）のものであると、八百谷孝保氏が新羅恵恭王代末から新羅宣徳王代（七八〇〜七八五）のものであるとされているのだが、そのように特定する具体的根拠が示されておらず、両見解とも今一つの説得性に乏しい。たしかに一行目の鐫者名「音里火三千幢主級幢高金□鐫」に冠される「音里火三千幢主」が、新羅の地方軍職名である点、八行目「王城西北一小寺」の「王城」が、方角的に新羅の都慶州を指しているとみられる点から、少なくともこれが新羅期のものであることは明言されてよい。

また二十行目には「大暦之春。大師之孫翰林字仲業。□使滄溟□□日本。彼国上宰因□語□□」と、元暁の実孫薛仲業が唐大暦年間（七六六〜七八〇）に新羅使節の一員として訪日した際の逸話が挙げられており、関連記事は『三国史記』「薛聡」(3)のほか、次に示す『続日本紀』宝亀十一年（七八〇）正月六日条などにも窺えるため、その建立時期は唐大暦十五年（七八〇）以降に限定することができよう。

壬申。授二新羅使薩飡金蘭蓀正五品上。副使級飡金巌正五品下。大判官韓奈麻薩仲業。少判官奈麻金貞楽。大通事韓奈麻金蘇忠三人。各従五品下一。自外六品已下各有レ差。並賜二当色幷履一。[4]

しかし、はたしてこれを新羅宣徳王代、すなわち薛仲業の来日から五年以内に限定してよいかは疑問が残る。わずか数年前の出来事を漠然と「大暦之春」と表記していることになるからである。したがってその建立時期は、『朝鮮金石総覧』の見解や八百谷氏が推測されるより今少し後に設定されてしかるべきではないだろうか。

ただしその内容の信憑性が高いことは、次の点からも指摘が可能となる。本塔碑には現存する最古の私撰史書『三国遺事』との関連記事がいくつか確認されるのである。中でも注目すべきは、両史料が元暁の出生に関して母親が懐に流星が入る夢をみて身籠もり、出産時には五色の雲が空を覆ったとする共通の逸話を掲げている点である。欠損のために明瞭ではないが、塔碑には「□母初得夢星流□入懐。便□□有□。其月満分解之時。忽有五色□□特覆母居□□□□[5]」と記され、『三国遺事』「元暁不覊」には「初母夢二流星入レ懐。因而有レ娠。及将レ産。有二五色雲一覆レ地。真平王三十九年・大業十三年丁丑歳也[6]」と記述されている。

ならば『三国遺事』を編録した一然（一二〇六～一二八九）は、この塔碑の存在を知っていたのであろうか。いや、決してそうとは思われない。『高麗史』粛宗六年（一一〇一）八月癸己の条には「詔曰。元暁義相《ママ》東方聖人也。無二碑記謚号一。厥徳不レ暴。朕甚悼レ之[7]」との記載があり、すでに一然生存時にはこの塔碑が倒壊して地に埋もれていたと考えられるからである。

一然はこの元暁伝をまとめるに際して、新羅・高麗所伝の『暁師行状』『暁師本伝』『郷伝』『諺』『古伝』、そして宋所伝の『宋高僧伝』を参照したとされている。このうち、新羅・高麗所伝のものはいずれも現存せず、それぞれどのような内容のものであったのか明らかではない。しかし直接の接点がない『三国遺事』とこの塔碑の両史料が、元暁の出生に関して同様の逸話を掲載しているという事実は、少なくとも『三国遺事』が参照したいずれかの史料とこの塔碑との間に何らかの関係が存在したことを物語るものとみてよい。つまるところ、この塔碑は正確な情報に裏打ちされた正しく第一級史料だったことが断言できるのである。

さて、この元暁没年の特定を受けて事態は急変することとなる。それまで広く元暁仏教学を代表する著述であると位置付けられていた『遊心安楽道』に、元暁滅後に訳出された二種の経典が引用されている矛盾が指摘されたのである。この指摘を行なった村地哲明氏は、昭和三十四年（一九五九）発表の論文「『遊心安楽道』元暁作説への疑問」において以下の四点に着目し、『遊心安楽道』元暁偽撰説を提言されている[8]。

①元暁入滅後の唐景龍三年（七〇九）に訳出された『不空羂索神変真言経』と唐先天二年（七一三）に訳出された『大宝積経』の両経が、『遊心安楽道』に引用されている点。

②懐感（生没年不詳。一説に六九九没）によって元暁滅後に撰述された『釈浄土群疑論』が、『遊心安楽道』に引用されている点。

③『遊心安楽道』の大部分が、元暁の『両巻無量寿経宗要』と迦才の『浄土論』からの転載によって構成されている点。

④『遊心安楽道』は『弥勒所問経』所説の十念の解釈において、元暁の『両巻無量寿経宗要』の見解を明らかに否定している点。

もっとも②③④に関しては、『遊心安楽道』元暁偽撰説を決定付ける直接の要因にならないとする意見もあろう。『釈浄土群疑論』は撰述者の懐感が中途で没したために弟子懐惲（六四〇～七〇一）が完成させたものであり、たしかに元暁がこの著述の存在を知らなかった可能性はきわめて高いが、いまだ『釈浄土群疑論』の成立年が具体的に特定されない以上、あくまでもそれは一つの可能性として留めるべきである。

また『遊心安楽道』の大部分が『両巻無量寿経宗要』や『浄土論』からの転載によって構成されている点や、『遊心安楽道』に『両巻無量寿経宗要』の見解を否定する箇所がいくつか確認される点に関しても、元暁が『浄土論』を参照して自らの見解を改変したと位置付ければ、決して元暁偽撰説の積極的な根拠になることはない。

ところが①については明らかに趣が異なっている。『遊心安楽道』に元暁滅後に成立した二種の経典が引用されているという事実は、本書が元暁によって撰述されたものであることを否定する決定的な根拠となり、これによって『遊心安楽道』が少なくとも唐先天二年以降に成立したものであることが明言されるのである。

ならば、はたして『遊心安楽道』はいつ、誰によって撰述された著述なのだろうか。本章では手始めに諸氏によって行なわれた先行研究の検証と、撰述者解明の方向性について取り上げてみたいと考える。

先学の見解とその検証

昭和三十四年（一九五九）、村地哲明氏によって行なわれた『遊心安楽道』元暁偽撰説の提言は、十分に我々を納得させ得るものであった。しかし、すべての研究者の視点が撰述者の解明へと向けられるまでには、今しばらくの時間を必要とする。その翌々年（一九六一）、安啓賢氏が『遊心安楽道』はあくまでも元暁の著述であるとして、村地氏の見解を真っ向から否定されたのである[9]。

安氏の主張は以下の通りである。まず『遊心安楽道』に『両巻無量寿経宗要』の見解を否定する箇所が多数確認される点に関しては、『遊心安楽道』を『両巻無量寿経宗要』の補充、改編であると位置付ければ何ら問題はないとされている。また同じく『浄土論』からの転載が少なからず確認されるという点に関しては、『遊心安楽道』が『浄土論』の文を引用したのではなく、逆に『浄土論』のほうが『遊心安楽道』の文を引用したとして反論されている。

さらに元暁滅後に成立した『不空羂索神変真言経』と『大宝積経』の両経が『遊心安楽道』に引用されている点に関しては、もともと『不空羂索神変真言経』の既存異訳経典である『不空羂索呪経』か『不空羂索神呪心経』のいずれかと、同じく『大宝積経』の既存異訳経典である『発覚浄心経』が引かれていたのを、後人がそれぞれの経典に置き換えたものと判じ、その人物として明恵（一一七三～一二三二）の名を挙げられている。

この経典換置説に立脚する『遊心安楽道』元暁真撰説は、その後も昭和四十八年（一九七三）の金彊模氏、昭和五十一年（一九七六）の鄭学権氏らによって支持され、根強く存続していくこととなる。(10) しかし、いずれの主張においても漠然と可能性が指摘されるだけで、明らかな見解の相違を受けてもなおかつ「改変」ではなく「改編」とされている点、七世紀半ばの唐に『遊心安楽道』が存在し、迦才がそれを閲覧することが可能だったとされている点、既存異訳経典との置き換えが可能であり、それらの換置が明恵によって行なわれたとされている点などに関しては、一度として具体的論証が加えられることはなく、決して元暁没年の特定に起因して生じた数々の疑問点を氷解させるまでには至らなかった。

もっともこの『遊心安楽道』元暁真撰説は、昭和五十五年（一九八〇）発表の落合俊典氏の論文「『遊心安楽道』の著者」によって完全に論破されることとなる。(11) 落合氏はこの論文において、既存異訳経典との置き換えが不可能であることを具体的に論証されたのである。

まず『遊心安楽道』には『不空羂索神変真言経』第六十八灌頂真言成就品の文が引用されている。ところが安氏らによって指摘される『不空羂索呪経』や『不空羂索神呪心経』は異訳経典とはいうものの、いずれも『不空羂索神変真言経』全七十八品のうち、わずか第一母陀羅尼真言序品に相当する箇所のみを抄訳したものであり、根本的に経文の置き換えは不可能であることが明言される。

一方、『大宝積経』は第二十五発勝志楽会の文が引かれており、たしかに安氏らによって指摘される『発覚浄心経』にこの箇所の平行文を確認することは可能である。しかし『遊心安楽道』には『大宝積経』が引用された後も「解云」として同経の文に沿った論釈が施されているため、これらのすべてを『発覚浄心経』の文に置き換えようとすると、必然的に対応できない語句が生じることとなる。

すなわちここにおいて経典換置説に立脚する元暁真撰説は完全に説得性を失う結果になると落合氏は主張されるのである。

もちろん明恵によって経典換置が行なわれていないことは、『安養集』（一〇七〇頃）における『遊心安楽道』引用箇所や、融通念仏で知られる良忍（一〇七三〜一一三二。一説に一〇七二生）手択とされる『遊心安楽道』来迎院所蔵本に、すでに両経の引用が確認されている事実からも明言されてよい。(12) 明らかに『遊心安楽道』はその出現当時より現在の形態を維持していたのであり、落合氏が主張されるように経典換置説は非現実的なものとして排除される必要があるだろう。

ところで諸氏による『遊心安楽道』撰述者の解明作業は、元暁偽撰説が確定する以前から並行して行なわれていた。早くは源弘之氏が昭和四十八年（一九七三）発表の論文「新羅浄土教の特色」において、『遊心安楽道』に論じられる極楽と兜率天との優劣や往生の難易の問題に着目し、「これは新羅浄土教の性格が、弥陀と弥勒の両者対立することなく信仰されてきたところに生じた教学とも窺えるのであり、本書は朝鮮で新羅時代に成立したと推定する一証左となるようにも思われる」と述べられている。(13)

しかし、この論文は弥陀と弥勒の信仰形態の比較において新羅浄土教学の特色を導き出すことを主眼としたものであり、決して『遊心安楽道』の撰述者の特定を目的としたものではない。そのため極楽と兜率天との優劣難易という点以外には全く目が向けられておらず、文中に示される「本書に取り上げる往生難易論は、義寂以降の新羅浄土教における主張として注目しなければならない」という見解にも、「もし仮に朝鮮において『大宝積経』などの漢訳された八世紀に、元暁の『大経宗要』を基盤として造論されたと考えることが許されるならば」との前言が添えられている。したがって『遊心安楽道』の撰述者や撰述時期の積極的な特定の試みは、その後、昭和五十一年（一九七六）の高翊普氏の論文をもって初見とすべきであろう。

高氏はその論文「『遊心安楽道』의 成立과 그 背景――『遊心安楽道』는『無量寿経宗要』의 増補、改編이다――」において、『遊心安楽道』は八世紀初頭から九世紀初頭に元暁浄土教学を再宣揚するため、新羅僧により撰述されたと論じられている。『遊心安楽道』を『両巻無量寿経宗要』の増補、改編とされるのは元暁真撰説を主張される安啓賢氏らと同様であるが、『遊心安楽道』が迦才の『浄土論』に影響を与えたとする点、『不空羂索神変真言経』と『大宝積経』の引用に関して経典換置が行なわれたとする点に関しては、具体的な語句や構成上の問題などを挙げて明瞭に否定されている。

そして「極楽と兜率天との比較」「定性二乗の往生の問題」「女人往生の問題」など、『遊心安楽道』に取り上げられる問題が、新羅における浄土教学の論難を強く反映していると思われることから撰述者を新羅僧と位置付け、さらに新羅僧義寂の『無量寿経述義記』の見解を受けて、『弥勒所問経』所説の十念と『観無量寿経』所説の十念を同一視していることから撰述時期の上限を義寂（八世紀初頭）に、浄土教学と密教学との融合は窺えるが、禅法との融合が確認されないことから下限を禅法伝来（九世紀初頭）に推定されているのである(14)。

中でも、この『遊心安楽道』が義寂以降の新羅浄土教学の論難に基づいて論述されているという見解は、以後の新羅僧撰述説を主張される諸氏によっても自説の絶対的な根拠として捧持されることとなる。

しかし筆者はこの見解に少なからず疑問を抱いている。そもそも『遊心安楽道』に論じられる十念論は、決して元暁の見解を再宣揚するものでもなければ、義寂の見解と合致するものでもない。

まず元暁が『両巻無量寿経宗要』に提示する隠密・顕了の十念論は以下の通りである。隠密の十念とは初地以上の菩薩が具足すべき第三純雑相対浄土往生を望むものであり、『弥勒所問経』所説の十念がこれに相当する。一方、顕了の十念とは造悪の凡夫が具足すべき第四正定非正定相対浄土往生を望むものであり、『観無量寿経』所説の十念がこれに相当する。元暁はこれら両経所説の十念にはそれぞれ一義のみしか含有されないのに対し、『無量寿経』所説の十念には隠密と顕了の両義が含まれるとして、『無量寿経』所説の十念を特に重視しているのである。

これに対して『遊心安楽道』は、この元暁の十念論を引いた後に『弥勒所問経』の異訳経典である『大宝積経』発勝志楽会の文を続け、以下のように論旨を展開させている。この『大宝積経』発勝志楽会には、五逆罪や謗法罪を犯した者などを除けば凡夫の極楽往生は十念によって可能となることが明示されており、当然、その十念は顕了の十念に位置付けられる。ならば必然的に異訳経典である『弥勒所問経』所説の十念にも顕了義が含有されることとなり、『無量寿経』『観無量寿経』『弥勒所問経』所説の十念は、いずれも凡夫往生の業因になると前言を翻して結論付けているのである。

所レ言非下諸凡愚不善大夫具二煩悩一之者所中能発上者。凡謂二無性一闡提一者。愚謂二趣寂二乗種性一。誹二謗正法一。造二五逆等一。名二夫善士一。具二煩悩一者。除レ此余人成二一心一。得レ生二彼国一。必有二是処一。是故応レ知。弥勒所説十念非二凡夫念一等者。非二但地上所説十念一。若不レ爾者。地前菩薩何無二慈悲一。豈不レ往耶。

また義寂が『無量寿経述義記』に論じる竪・横の十念論は以下の通りである。まず義寂は『無量寿経』所説の十念と『観無量寿経』所説の十念を同一の称名念仏とし、これを竪に論じれば六字名号を十度唱える時間が十念となり、横に論じればそれら双方の十念を相続する中に自ずと『弥勒所問経』所説の十念が含有されると位置付けている。そして「非二凡夫念一。非二不善念一。非二雑結使念一」とされる『弥勒所問経』所説の十念を下輩往生因とする矛盾に関しては、『弥勒所問経』所説の十念は一念一念がそれぞれ別縁のものとして分割できない点、凡夫でも専心に称名すれば余念が交わらぬから、不善の念や雑結使の念ではなくなる点の二点を挙げて会通させているのである。

たしかに三経所説の十念のすべてに凡夫往生の効力を認める方向性は、両著とも趣を同じくするものとしてよいかもしれない。しかし双方の論理は全く相違するものであり、はたしてその影響がいかばかりのものであるのかについても少なからず疑問が持たれる[15]。

加えて『遊心安楽道』に新羅浄土教学の論難が多分に扱われているという点に関してもいかがなものだろう。もちろん『遊心安楽道』全文の三分の一が『両巻無量寿経宗要』を根底として構成されている以上、その論難が基本的に『両巻無量寿経宗要』のものを受けているとされるのは道理かもしれない。しかし新羅浄土教学は決してそれのみが独立して形成されていったわけではないため、新羅浄土教学の論難と他地域の浄土教学の論難を区別することはきわめて困難である。

実際、高氏が指摘される「極楽と兜率天との比較」「定性二乗の往生の問題」「女人往生の問題」などは、すでに唐浄土教学においても議論の対象とされており、それはまた間もなく我が国の浄土教学の重要課題にもなっている。ならばそこにいかなる教義が提示されているかに着目すべきであろうが、亡者の極楽往生を可能とする方法として新羅仏教学とは無縁のものである光明真言の土砂加持が挙げられている点、法位、玄一、憬興、義寂など、特に新羅において盛んに行なわれていた四十八願の願名呼称や分類作業が全く問題にもされていない点などをみるかぎり、決して『遊心安楽道』の論述内容が新羅浄土教学の方向性を意識しているとは考えづらいのである。[16]

一方、前述の落合俊典氏は、昭和五十五年（一九八〇）発表の二種の論文「『遊心安楽道』の著者」と「『遊心安楽道』日本撰述説をめぐって」において、『遊心安楽道』十世紀半ば叡山僧撰述説を主張されている。[17]

まず落合氏は『遊心安楽道』の存在が朝鮮半島において全く窺えないという伝播状況の問題、元暁滅後に訳出された経典との置き換えが不可能であるという文章構成上の問題から、安氏らが主張される元暁真撰説を明瞭に否定されている。そして光明真言の土砂加持が提示された直後に続けられる一文「此等経文。往々而在」に着目し、この表現は密教の呪術信仰が隆盛を極めた時代に浄土教の立場から発言されたものであり、伝播状況の点などから考えても、叡山僧によって十世紀半ばに撰述されたとみるのが妥当なのではなかろうかとの結論を導き出されているのである。

この落合氏により提示された見解は、それまで決して着目されることのなかった伝播状況や光明真言の土砂加持の問題にまで言及されたものであり、『遊心安楽道』が日本において撰述されたとする画期的なものであった。しかし、『遊心安楽道』が撰述された時期（十世紀半ば）と『遊心安楽道』が出現した時期（十一世紀後半）との間に一世紀以上もの開きを設けられる点については何ら論じられておらず、また伝播状況以外に叡山僧の著述であることを主張される具体的根拠も挙げられていない。

これに対して章輝玉氏は、昭和六十年（一九八五）発表の論文「『遊心安楽道』考」に、『遊心安楽道』は八世紀初頭の唐で弘法寺系新羅僧により撰述された著述であると主張されている。[18]同じく新羅僧撰述説を主張される高翊普氏が、『遊心安楽道』の撰述者を新羅僧、撰述時期を八世紀初頭から九世紀初頭、撰述地域を新羅とされているのに対し、章氏は撰述者を弘法寺留学中の新羅僧、撰述時期を八世紀初頭に限定し、撰述地域を新羅ではなく唐とされている点について、両者の見解は大きく相違している。

まず章氏はそれまで提示されていた諸学説に対し、従来の研究はいずれも『遊心安楽道』の構成や典拠の形式的側面ばかりに目が奪われて、論旨の展開をなおざりにしてきたと断じ、「本書は形式的構成の上では元暁の『無量寿経宗要』に依拠しているようにみえるが、内容的には迦才の『浄土論』の説を承けている。思うに本書は迦才が凡夫往生を主張したその精神に基づいて、特に一闡提の往生を宣揚する意図から密教経典をも換用して撰述されたのではなかろうか」と位置付けられている。そして撰述者、撰述時期、撰述地域の特定に関して以下の五点に着目し、自説の根拠とされている。

第一に『遊心安楽道』が迦才の『浄土論』の影響下に撰述されていることから、撰述者は迦才が居住した弘法寺系の人物であると考えられる。第二に『遊心安楽道』の巻末には密教経典である『不空羂索神変真言経』が引かれているが、弘法寺の別院では沙弥、道俗を集めて陀羅尼を授けて念誦相続が行なわれていた。第三に『遊心安楽道』には『華厳経』の引用がみられるだけでなく、元暁、智儼（六〇二〜六六八）などの華厳宗僧の著述が多く引かれており、撰述者は華厳教学に関する豊富な知識を有していた人物であると考えられる。第四に『遊心安楽道』に取り上げられる典籍の撰述者は元暁、迦才、懐感、智儼、慈恩（六三二～六八二）といずれも七世紀の人物であり、さらに言うなら元暁以外の四名は唐僧である。第五に『遊心安楽道』は全七門の構成やそれぞれの課題設定において、少なからず智儼の『華厳経内章門等雑孔目章』の影響を受けているが、智儼は特に新羅において敬慕された人物である。以上の五点がそれである。

たしかに『遊心安楽道』の位置付けを新羅浄土教学の枠内で模索し続けてきた従来の研究から脱却し、『遊心安楽道』の論旨が『浄土論』の「浄土宗意。本為㆓凡夫㆒兼為㆓聖人㆒」という方針の下に展開されているという点については十分に納得することができる。また『遊心安楽道』がその論題設定などにおいて、『華厳経内章門等雑孔目章』の影響を受けているとされる点についても認められてよいだろう。

しかし八世紀初頭の弘法寺に、本当に浄土教学、華厳教学、密教学に博識な新羅僧が実在したのかという根本的な問題に関しては何ら論証されておらず、加えて弘法寺の別院で陀羅尼が授けられていたことと、光明真言の土砂加持がいかに関連しているのかについても全く具体的にされていない。すなわちこの見解によっても伝播状況の問題をはじめとするいくつかの問題が解消されるわけではなく、これまでの新羅僧撰述説と同様に、やはり具体性を伴わない可能性のみが漠然と提示されたにすぎないのである。

また韓普光氏は平成三年（一九九一）発表の著述『新羅浄土思想の研究』において、『遊心安楽道』を「『観無量寿経』の思想を中心とした凡夫為主の新羅浄土教の概論書」と位置付け、八世紀半ば新羅僧撰述説を主張されている。[19] たしかに結論だけをみれば、韓氏の主張は高氏が主張される八世紀初頭から九世紀初頭の新羅僧撰述説をさらに絞り込んだものであり、高氏の提示される方向性を踏襲したものと受け取ることもできる。

しかしその一方で、韓氏は高氏の見解について「このような見解は新羅浄土思想の全般的な流れとの関連性については説明が不十分であり、また論難の対象である第七門の第九問答である光明真言の部分には触れていないので不備な面がある」と指摘し、さらに「本書の撰述目的が元暁の『無量寿経宗要』を増補、改編するためのものであるとして断定することは、少なからず無理があるように思われる」と批判されている。

そして独自の視点から『遊心安楽道』に論じられる「十念」「極楽と兜率天との比較」「日数念仏」「亡者の追福」の四点に着目し、これらを自説の絶対的な根拠とされているのである。このうち、前二つは高氏の指摘と同様のものであるが、あとの二つは従来の研究には全くみられなかったものである。

まず「日数念仏」の問題に関しては、『遊心安楽道』に挙げられる次の問いに着目されている。

問。衆生罪業。大積如レ山。何得三十念須滅二爾許悪業一。仮令百千万遍。猶是太少。若不レ滅二悪業一。復何得レ往二生浄土一乎[20]。

これは多少語句の出入りがあるものの、『浄土論』の次の問いを受けたものである。

問曰。衆生罪業甚久積山。云何十念。得レ滅二爾所許悪業一。縦令至二百万遍一。終是太少。若不二滅尽一。云何悪業不レ滅。而得レ生二浄土一[21]。

韓氏は『遊心安楽道』が『浄土論』に挙げられる「百万遍」の語を引用するに際して、あえて「百千万遍」という語に置き換えている点に注目し、以下のように論じられている。「百万遍」が百万回という具体的数字を意味するのに対して、「百千万遍」は無数や無量であることを漠然と表現した比喩である。唐や日本では早くから百万遍念仏が盛んに行なわれたが、新羅では百万遍念仏の行なわれた形跡がないことから、この「百千万遍」への語句の変更こそ新羅僧撰述説を物語るものにほかならないと主張されているのである(22)。

しかし決してそうではない。そもそも本問答は臨終時の十念の重要性を導き出すことを主眼としたものであり、その引き合いに『浄土論』が百万遍念仏を提示するのに対し、『遊心安楽道』は平生の無数の念仏を挙げているのである。すなわちそこではそれまでの論述過程において百万遍念仏の重要性が取り上げられているか否かが前提条件となり、仮に『遊心安楽道』がここにおいて百万遍念仏を引き合いに出そうとするのであれば、少なくともそれ以前に往生業としての百万遍念仏の重要性について論証していなければならなくなる。

つまるところ、この「百万遍」から「百千万遍」への語句の置き換えは、決して新羅浄土教学の方向性を意識したものではなく、『遊心安楽道』の文章構成上においてきわめて必然的な変更だったことが明言されるのである。ましてや日本において百万遍念仏が着目されはじめるのは、韓氏が『遊心安楽道』の撰述時期と目される八世紀半ばよりはるか後、平安中期以降のことであり、はたして語句の置き換えに韓氏の推測通りの意図があったとしても、決してそれが日本撰述説を否定する決定的根拠になることはない。

一方、「亡者の追福」に関しては次のように論じられている。『遊心安楽道』には亡者の極楽往生を可能とする方法として、『不空羂索神変真言経』を典拠とする光明真言の土砂加持が挙げられている。韓氏は「韓国では今日まで光明真言と土砂加持法が行なわれたという史料が見られない」としながらも、以下の三点を理由として、この問題を八世紀半ば新羅僧撰述説の一端を担うものと位置付けられているのである。

第一に亡者への追福のために浄土教学と密教学が融合することは、新羅においても十分に可能であると思われる点。第二に不空羂索経典の一つである『不空羂索陀羅尼経』を唐の李無諂に訳出するよう依頼したのは新羅僧明暁であり、新羅においても不空羂索経典に多大なる関心があったことが認められる点。第三に高麗忠烈王元年（一二七五）書写の『不空羂索神変真言経』第十二巻の写本が現存するため、高麗期には『不空羂索神変真言経』が広く流布していたと思われる点の三点がそれである。(23)

しかし、これも明らかに説得性を欠いている。なるほど新羅においても亡者への追福のために浄土教学と密教学が融合する可能性は十分に認められてよいだろう。しかしながら、それが元暁の『両巻無量寿経宗要』から派生した浄土教学と『不空羂索神変真言経』を典拠とする光明真言の土砂加持との融合となれば、全く話は別である。

少なくとも新羅においては『不空羂索神変真言経』が存在したという事例も、光明真言の土砂加持が着目されたという事例も全く確認されていない。これは動かし難い事実である。しからばこの十三世紀の『不空羂索神変真言経』第十二巻の写本一例から当時の『不空羂索神変真言経』の流行を導き出すこと、ましてやそれを『遊心安楽道』八世紀半ば新羅僧撰述説の根拠として関連付けようとすること自体、どのように論じても明らかなる不合理が生じてしまうのではないだろうか。やはり光明真言の土砂加持を扱った本問答が存在するかぎり、『遊心安楽道』新羅僧撰述説は根本的に否定されるべきであろう。

以上、これまで発表された以下の諸説について検証した。

・高翊普氏の八世紀初頭から九世紀初頭の新羅僧撰述説
・落合俊典氏の十世紀半ばの叡山僧撰述説
・章輝玉氏の八世紀初頭の弘法寺系新羅僧撰述説
・韓普光氏の八世紀半ばの新羅僧撰述説

しかし、いずれの見解も今一つの決定力に欠け、この問題はいまだ明確な結論をみない状況にある。思うにその最大の要因は、諸氏によって提示された見解が「新羅僧」や「叡山僧」などという全く個人名を特定しない漠然としたものに終始していた点にあるのではなかろうか。すなわちこれまで提示された諸説は、『遊心安楽道』の撰述地域を確率の点から抽象的に導き出したものにほかならず、決して『遊心安楽道』の撰述者が誰なのかという根本的疑問に対する回答ではなかったのである。

今、仮に『遊心安楽道』が八世紀当時の新羅仏教学の論難に基づいて撰述されているものと仮定しよう。しかし、それがはたして八世紀の新羅僧撰述説の絶対的根拠となり得るかは疑問である。新羅仏教学は唐仏教学の強い影響下に構築されただけでなく、逆に唐仏教学へも少なからず影響を及ぼしており、両仏教学の関係はきわめて密接なるものがあった。一方、当時の新羅仏教学における論難は、多数の留学僧や渡来僧によってほぼリアルタイムに近い形で日本へも伝えられており、我が国の学僧が新羅仏教学の論難に従って著述を撰述することも十分に可能である。したがって、たとえ『遊心安楽道』の内容が新羅浄土教学の論難を反映していたとしても、それが唐や日本において撰述された可能性を否定する決定的な根拠にはなり得ないのである。

やはり問題とすべきは『遊心安楽道』の撰述地域がどこであるかの推測ではなく、あくまでも『遊心安楽道』の撰述者が誰なのかという具体的個人名の特定に置かれるべきであろう。

撰述者解明の方向性

では『遊心安楽道』の撰述者の特定には、どのような点に留意する必要があるのだろうか。この点に関して筆者は次のように考えている。そもそも『遊心安楽道』の存在がはじめて歴史上に確認されるのは、十一世紀後半の叡山においてであり、中国や朝鮮半島においては近年に至るまでその存在の一端すらも窺うことができなかった。ならば必然的に『遊心安楽道』は十一世紀の叡山で成立したということになるのではないだろうか。

これまで新羅僧撰述説を主張される諸氏は、この伝播状況の問題に関して等しく軽視されており、唐や新羅で撰述された『遊心安楽道』が、いつ、どのようにして日本へ請来されたかという点については全く論じられることがなかった。しかし、はたして八、九世紀の唐や新羅において『遊心安楽道』が撰述されたと主張されるのであれば、十一世紀後半の叡山にその存在が突如出現するまでの期間、本書がどこに存在したのかという点は決して回避することのできないきわめて重要な問題となる。

もし仮に八、九世紀の唐や新羅において撰述されたものが、十一世紀になって叡山に請来されたとするのであれば、少なくとも叡山に伝えられるまでの二、三世紀は本書が唐や新羅に存在していなければならなくなり、逆にもし八、九世紀の唐や新羅において撰述されたものがいち早く日本に伝えられ、唐や新羅においては撰述直後に散逸したとするのであれば、少なくとも叡山に確認されるまでの二、三世紀は本書が日本のどこかに存在していなければならなくなるからである。

いずれにせよ、何よりも十一世紀後半以前に『遊心安楽道』が歴史上に存在したという事実を具体的に立証しないかぎり、『遊心安楽道』が八、九世紀に撰述されたとする見解は、全くその説得性を失う結果になると言ってよいだろう。

ところで『遊心安楽道』が十一世紀の叡山で成立したものであるならば、はたしてその撰述者は十一世紀の叡山僧に限定してよいのだろうか。いや、決してそうとはかぎらない。叡山における『遊心安楽道』の出現の仕方に着目するかぎり、この著述は今日とは異なる形態で以前より存在していたようにも思われるからである。

もともと『遊心安楽道』は、十一世紀後半に叡山浄土教学研究の参考資料集として編纂された『安養集』(一〇七〇頃)、『安養抄』(一〇七〇~一一〇〇頃)、『浄土厳飾抄』(一一〇〇頃)に引用される形で歴史上に登場した。これら三著はいずれもさまざまな浄土教典籍から要文を抽出列挙することによって構成される著述であり、当時、叡山においてどのような著述のどのような箇所が着目されていたのかを窺い知る目安ともなる。『遊心安楽道』はこれらの著述において、それぞれ十回、十回、二回の頻度で取り上げられており、その出現当初よりすでに叡山浄土教学研究の重要典籍として浸透していたことが明言されるのである。

ところがその一方で、当時の『遊心安楽道』の存在は以下の点により非常に不確定なものであったようにも感じられる。まず十一世紀後半の叡山をも典籍蒐集の対象に加えて編録された高麗僧義天（一〇五五～一一〇一）の『新編諸宗教蔵総録』（一〇七〇）や、興福寺僧永超（一〇一一～一〇九五）の『東域伝灯目録』（一〇九四）に、当然載録されてしかるべき『遊心安楽道』の名が記されていない点が挙げられる。

義天はこの『新編諸宗教蔵総録』を編纂するに際して、『遊心安楽道』の存在する日本も典籍蒐集の対象地域としているほか、自ら入宋して天台山や汴京などで熱心な蒐集活動を行ない、三千余巻にも及ぶ膨大な量の典籍類を高麗へ請来したことが知られている。

一方、これらの地域へは入宋叡山僧成尋（一〇一一～一〇八一）によって『遊心安楽道』をたびたび引用する『安養集』が広播されていた。成尋は著名な訳経僧日称の訳場に列して監事を務めただけでなく、祈雨の功によって善慧大師の号を賜るなど、彼の地においても看過できぬ存在となっており、その日記『参天台五台山記』には、携行した『安養集』が天台山国清寺や汴京の太平興国寺において高く評価されたことが挙げられている[24]。

義天が入宋した高麗宣宗二年（一〇八五）は、成尋が帰国することなく示寂した北宋元豊四年（一〇八一）のわずか四年後のことであり、義天が日宋両国での典籍蒐集作業の過程において、『遊心安楽道』に関する情報を知り得た可能性は多分に認められるのである。

また『東域伝灯目録』を編録した永超は、次に挙げる享保十年（一七二五）の鸞宿（一六八二～一七五〇）の識語によれば、もともと法相教学を学ぶために興福寺へ派遣された天台宗僧であったとされており、本目録も天台座主に献上されたものであることが明示されている。

山徒久泥㆓教観㆒。学疎㆓性相㆒。是故貫首命㆓永超師㆒。令㆘往㆓南京㆒探究㆗倶舎唯識玄奥㆖。超師稟㆑命。聞㆓不軽㆓其志㆒。即入㆓興福主恩之門㆒。大闡㆓幽関㆒。一時浩歎。深省㆓玄理㆒。自㆑是永絶㆓帰叡之思㆒。聞㆓之貫首㆒。貫首不㆑能㆑奪㆓其堅心㆒。於㆑是則請求㆓此記録㆒。維時寛治甲戌之歳。録成㆓一巻㆒。以呈㆓献之㆒。此録所㆑由。其事如㆑斯矣[25]。

たしかに『東域伝灯目録』は天台教学に関する典籍が多数載録されている点に特徴があり、いわゆる三一権実論争などの点から天台教学とは縁遠いとされる法相宗興福寺の僧侶によって編纂された目録とするには、多少の違和感を感じさせるのも事実である。はたして鸞宿が何を根拠としたのかは明瞭でないが、本目録の内容を考慮するかぎり、少なくとも永超と叡山との間に何らかの接点が存在したのは事実としてよい。しからば両目録に叡山における『遊心安楽道』の位置付けが全く反映されていないという事実が、いよいよもって問題視されるのではないだろうか。

さらに出現当初の形態を色濃く伝える平安後期の『遊心安楽道』来迎院所蔵本には撰述者名が記載されておらず、この古写本自体から当時の元暁撰述説の萌芽を認めることができない点、また『安養集』『安養抄』『浄土厳飾抄』の『遊心安楽道』引用箇所における著述名、撰述者名の記載が、以下のように押し並べて正確性を欠いている点にも着目する必要があるだろう。

・『安養集』における『遊心安楽道』引用箇所[26]

①「遊心安楽道元晈《ママ》云……」　②「遊心安楽道云……」　③「遊心安楽道元晈《ママ》云……」

④「遊心安楽道云……」　⑤「遊心安楽道云元皎《ママ》……」　⑥「遊心安楽道云……」
⑦「遊心安楽道云……」　⑧「遊心安楽道云元皎《ママ》……」　⑨「遊心安楽道元暁云……」
⑩「遊心安楽道元暁……」

・『安養抄』における『遊心安楽道』引用箇所[27]

①「遊心安楽云……」　②「遊心安楽道云……」　③「遊心安楽云……」
④「遊心安楽云……」　⑤「遊心安楽云元暁……」　⑥「遊心安楽本同《ママ》云……」
⑦「遊心安楽云……」　⑧「遊心安楽云……」　⑨「遊心安楽云元暁……」
⑩「遊心安楽道云……」

・『浄土厳飾抄』における『遊心安楽道』引用箇所[28]

①「遊心安楽集《ママ》云……」　②「遊心安楽集《ママ》云……」

もちろん『遊心安楽道』来迎院所蔵本における撰述者名欠落の問題に関しては単なる省略とみる向きもあり、また少なくとも『遊心安楽道』の初見である『安養集』には著述名が正確に表記されているとする反論も考えられよう。

しかし、この来迎院所蔵本は良忍手択本だったとされているが、他の良忍手択本には「□□《（破損）》弥陀仏偈幷論　羅什法師作」などのように等しく撰述者名が明記されており[29]、安易に『遊心安楽道』のみを省略として片付けることには少なからず問題がある。

また『安養集』『安養抄』『浄土厳飾抄』における引用箇所の問題に関しても、現存するそれぞれの最古写本は江戸初期、平安末期、鎌倉末期のものであり、書写年代の点から言えば、著述名を正確に記す『安養集』は逆に最も新しい時代のものなのである。

やはりここに掲げた実例は、この著述がはたしてもともと元暁に仮託して撰述されたものだったのか、またもともと『遊心安楽道』という名の著述として撰述されたものだったのか、今一度疑問視するに十分な根拠となり得るのではないだろうか。

加えて筆者が『遊心安楽道』の成立経緯に関して疑問を抱く理由には、今一つ重要な問題点が挙げられる。いかなることか『遊心安楽道』が、その出現当初よりすでに源信（九四二～一〇一七）の『往生要集』（九八五）研究の重要典籍として確然たる地位にあったという点である。

元来、『安養集』は叡山浄土教学研究の参考資料集を目的としたものであると同時に、『往生要集』研究の参考資料集としての意味合いも有していた。それは論題設定や構成典籍において、多分に『往生要集』を意識していたと思われる点からも明言することが可能となる。たとえば石田充之氏は、この点に関して承安元年（一一七一）に書写された『往生要集』青蓮院所蔵本の次の奥書に着目し、この平等院南泉房における『往生要集』読み合わせの発起人「皇后宮大夫殿」を『安養集』の編者源隆国（一〇〇四～一〇七七）に推定された上で、『往生要集』読み合わせと『安養集』の編纂とを源隆国によって企画された一連の事業であると結論付けられている(30)。

延久二年四月十日。平等院南泉房多本取集。読相給其中以二善本一日野点畢。其衆皇后宮大夫殿其為二張発一。樺尾阿闍梨以為二講師一云云。

承安元年十二月十一日書写畢。沙門弘恵本也。

その『安養集』において『遊心安楽道』は十回にわたって引用されており、この十回という頻度は四十六種を数える『安養集』全構成典籍のうち、引用回数の多い順に第二十六位に位置付けられるのである。

またその事実は『安養集』『安養抄』『浄土厳飾抄』ばかりに限定されたことではなく、浄土宗の良忠（一一九九～一二八七）により撰述された『往生要集義記』からも窺い知ることが可能となる。良忠は次に挙げる『往生要集』大文第五の『安楽集』引用箇所に付記される「元暁師同レ之」を、「元暁師同レ之者。指二遊心安楽道一也」と位置付け、この著述が『遊心安楽道』であることを明言しているのである。

又安楽集云。譬如下有レ人於二空曠迥処一。値二遇怨賊一。抜レ剣奮レ勇。直来欲上レ殺二此人一。径走観レ渡二一河一。未レ及レ到レ河。即作二此念一。我至二河岸一。為二脱レ衣渡一。為二著レ衣浮一。若脱レ衣渡。唯恐無レ暇。若著レ衣浮。復畏レ首領難レ全。爾時但有三一心作二渡レ河方便一。無二余心想間雑一。行者亦爾。念二阿弥陀仏一時。亦如二彼人念一レ渡。念々相次無二余心想間雑一。或念二仏法身一。或念二仏神力一。或念二仏智慧一。或念二仏毫相一。或念二仏相好一。或念二仏本願一。称名亦爾。但能専至相続不レ断。定生二仏前一。已上。元暁師同レ之。

良忠がそのように断定する根拠は、大文第九の菩提心釈において「但結文云」として挙げられる一文「若人於二此十種心中一。随成二一心一。楽三欲往二生彼仏世界一。若不レ得レ生無レ有二是処一」を註釈する箇所によって明らかとなる。ここにおいて良忠は「又伝聞黒谷上人云。此名目依二遊心安楽道一」と記し、かつて久安元年（一一四五）から二十一年間にわたって叡山で研鑽を積んだ天台宗出身の法然（黒谷上人。一一三三～一二一二）も、源信が『往生要集』を撰述するに際して『遊心安楽道』を参照したと公言していたことを紹介しているのである。[31] おそらく『遊心安楽道』を『往生要集』研究の重要典籍の一つに数える見方は、きわめて早い時期から叡山の通論となっていたのではないだろうか。

もっとも良忠指摘の前文は『両巻無量寿経宗要』にも認められ、また後文も決して元暁の著述からの引文として挙げられているわけではない。少なくとも『往生要集』撰述時の叡山にいまだ『遊心安楽道』の存在が確認されない以上、前文は『両巻無量寿経宗要』からの引用、後文は『大宝積経』発勝志楽会からの引用とみるべきである。

しかしながら、その一方で等しく光明真言の土砂加持に着目している点など、源信教学と『遊心安楽道』との間に多数の思想的類似点が確認されるのも事実であり、加えてこの『遊心安楽道』が出現当初よりあたかも『往生要集』所引典籍であるかのように扱われていたという点は、『遊心安楽道』成立に関するきわめて重要な手掛かりになるとしてよいだろう。

ところで『遊心安楽道』は、全文の九割以上が以下に示す十二種の典籍からの転載により構成されるきわめて特殊な著述である。

① 『無量寿経』
② 『観無量寿経』
③ 『阿弥陀経』
④ 『華厳経』
⑤ 『大宝積経』
⑥ 『不空羂索神変真言経』

⑦世親撰『無量寿経優婆提舎願生偈』
⑧元暁撰『両巻無量寿経宗要』
⑨迦才撰『浄土論』
⑩懐感撰『釈浄土群疑論』
⑪智儼撰『華厳経内章門等雑孔目章』
⑫慈恩撰『観弥勒上生兜率天経賛』

このうち、元暁撰『両巻無量寿経宗要』、迦才撰『浄土論』、『観無量寿経』からの転載が、『遊心安楽道』全体のそれぞれ三分の一、五分の一、六分の一にも及んでおり、これら三種からの転載のみで全文の七割を占有していることが窺える。またこれらの構成典籍はすべて八世紀初頭までに成立したものであり、その論旨も八世紀当時の浄土教学の論難に立脚したものと考えてよい。ならば自ずとその撰述時期も特定されてくるのではないだろうか。はたして撰述者が十一世紀の人物であったならば、そこに扱われる論難や構成典籍はもっと異なるものになっていたと思われるからである。

さらに全十二種の構成典籍のうち、『両巻無量寿経宗要』からの転載箇所にかぎって論旨の改変が行なわれている点も特徴の一つとして挙げられよう。たとえば『両巻無量寿経宗要』は衆生を先天的な素質によって分類した五性、

・無性（絶対に救われないことが確定している者）
・不定性（そのいずれになることも確定していない者）
・定性声聞（阿羅漢果に至ることが確定し、決して仏果や独覚果に至ることがない者）

・定性縁覚（独覚果に至ることが確定し、決して仏果に至ることがない者）
・定性菩薩（菩薩になることが確定し、必ず仏果に至る者）

のうち、定性声聞、定性縁覚の定性二乗の往生に関しては、

　定性二乗即不二往生一[32]。

として明確に否定しているが、『遊心安楽道』はこの一文を引用するに際して次のように補足し、定性二乗も無余涅槃に至れば往生が可能になると全く論旨を変えている。

　定性二乗即不二往生一。従二無余一後或可二往生一[33]。

また同じく、

　二乗種不レ生者。是説二決定種性二乗一。非レ謂二不定根性声聞一[34]。

の引用に際しても以下のように語句を挿入し、やはり『両巻無量寿経宗要』が明確に否定した定性二乗の往生を一転して容認している。

　二乗種不レ生者。是説下決定種性二乗未レ入二無余一未レ発中大心上。非レ謂二不定根性声聞及趣寂性一[35]。

そしてこのような論旨の改変は、いかなることか『両巻無量寿経宗要』からの転載箇所にかぎって確認され、他の典籍からは基本的に原文通りの忠実な引用が施されているのである。すなわちそれは『遊心安楽道』がもともと『両巻無量寿経宗要』に立脚して論述されたものであることの証左としてよいだろう。

　加えて『遊心安楽道』構成典籍の配置を具体的に検証すると、以下の特色が明らかとなる。『両巻無量寿経宗要』からの転載が「初述教起宗致」「二定彼土所在」「三明疑惑患難」「四顕往生因縁」と

前半ばかりに配置されているのに対し、『浄土論』からの転載は「初述教起宗致」「五出往生品数」「六論往生難易」「七作疑復除疑」と逆に後半に集中していることが窺える。また『観無量寿経』からの転載がすべて「五出往生品数」のみに配置され、『遊心安楽道』は往生の階位に関して『観無量寿経』の九品往生の文に立脚して論述していることが判明する。

すなわち元来『両巻無量寿経宗要』に基づいて撰述された『遊心安楽道』は、『浄土論』や『観無量寿経』の文を相当量転載することにより、また後半部分から『両巻無量寿経宗要』の文を排除することにより、『無量寿経』という一経典の註釈書としての位置付けを完全に払拭し、「浄土宗意。本為二凡夫一兼為二聖人一」の方針に立脚した浄土教旨の概説書に姿を変えているのである。

事実、それは『遊心安楽道』が『両巻無量寿経宗要』の一文、

> 今此経者。蓋是菩薩蔵教之格言。仏土因果之真典也。明二願行之密深一。現二果徳之長遠一。[36]

を転載するに際し、

> 今此所レ明極楽国者。蓋是感二願行之奥深一。現二果徳之長遠一。[37]

と「此経」の表現をあらためたり、「仏土因果之真典也」の語を省略したりしている修正箇所からも立証することが可能となる。

ところで『浄土論』は、『観無量寿経』の註釈書とも言うべき道綽（五六二～六四五）の『安楽集』を一般仏教学を背景に改変したものである。その序には以下のように記述され、『安楽集』の文義が参雑して章品が混沌としていたので、形態を整理して理解しやすくする目的をもって撰述されたものであることが明示されている。

近代有二綽禅師一。撰二安楽集一巻一。雖下広引二衆経一。略中道理上。其文義参雑。章品混淆。後之読之者。亦跡躇未レ決。今乃捜二群籍一。備引二道理一。勤為二九章一。令二文義区分一。品目殊位。便覧之者。宛如二掌中一耳。(38)

ならば『遊心安楽道』も同様に、『無量寿経』の註釈書である『両巻無量寿経宗要』を一般仏教学を背景に改変したものと位置付けることができるのではないだろうか。実際、『両巻無量寿経宗要』には明らかに再構築の必要性が存在した。『両巻無量寿経宗要』の冒頭の一文「将中二両巻経旨一。略開二四門一分別。初述二教之大意一。次簡二経之宗致一。三者挙レ人分別。四者就レ文解釈」によれば、元来この著述は全四門から構成されていたことになっている。(39)しかし現存するものは、いずれも「初述教之大意」「次簡経之宗致」「三者挙人分別」の三門のみによって構成されており、「四者就文解釈」の箇所が完全に欠落しているのである。

元暁とほぼ同時期の新羅僧憬興の著述『無量寿経連義述文賛』などにも『両巻無量寿経宗要』の引用は認められるが、やはりすべて前三門から引かれたものであり、「四者就文解釈」からの逸文はいまだ一例として確認することができない。すなわち少なくとも『両巻無量寿経宗要』はきわめて早い時期から不完全な状態に置かれていたのであり、『安楽集』以上に再構築の必要性が存在したことが明言されるのである。

また今一つ『遊心安楽道』の特色として、地獄、餓鬼、畜生の三悪道に沈んだ亡者の救済法に光明真言の土砂加持が取り上げられている点も忘れてはならない。『遊心安楽道』はすべての浄土教説を等しく凡夫往生を主眼として説かれたものであると定義し、凡夫は無論のこと、三悪道に沈んだ亡者や龍鬼八部衆に至るまで極楽往生の可能性を認めている点に特徴がある。特に亡者の極楽往生を可能とする方法として光明真言の土砂加持という密教的修法を提示している点は、従来の浄土教典籍にはみることのできないきわめて革新的な方法論であった。

たしかに亡者への追福問題に関しては、『十方随願往生経』『梵網経』『本生心地観経』などの顕教経典にも取り上げられ、道綽の『安楽集』にも以下のように追福の念仏や経典の転誦などによって十分に可能となることが明示されている。

如二十方随願往生経云一。若有三臨終及死堕二地獄一。家内眷属為二其亡者一念仏及転誦斉福。亡者即出二地獄一往二生浄土一。況其現在自能修念。何以不レ得二往生一者也。是故彼経云。現在眷属為二亡者一追福。如下餉二遠人一定得上レ食也。[40]

ところが『遊心安楽道』はこれら顕教の枠組みにとらわれることなく、「愚情難レ通」という観点からきわめて容易で効果的な実践法として、『不空羂索神変真言経』第六十八灌頂真言成就品を典拠とする光明真言の土砂加持を提示しているのである。そして以下のように続け、この功徳によって亡者は蓮華化生し、決して退転することがなくなるとの結論を導き出している。

若諸衆生具造二十悪五逆四重諸罪一。猶如二微塵一。満二斯世界一。身壊命終。堕二諸悪道一。以二是真言一加二持土沙一一百八遍。屍陀林中。散二亡者屍骸上一。或散二墓上一。遇皆散レ之。彼所レ亡者。若地獄中。若餓鬼中。若修羅中。若傍生中。以二一切不空如来不空毘盧遮那如来真言本願。大灌頂光真言加持土沙之力一。応レ時即得二光明及レ身。除二諸罪報一。捨二所苦身一。往二於西方極楽国土一。蓮華化生。乃至二菩提一。更不二堕落一。[41]

ちなみに朝鮮半島において亡者への追福に光明真言の土砂加持が着目された事例は皆無である。そのためこれまで新羅僧撰述説を主張される諸氏は、この「光明真言の土砂加持」という具体的修法を「密教的修法」というきわめて曖昧な表現に置き換えて論じられることが多かった。しかしながら我々が着目すべきはあくまでも光明真言の土砂加持という一修法であり、この特徴的な修法の提示は撰述者の特定に際しても十分に吟味される必要があるだろう。

以上の点によって次のことがおぼろげながらにみえてくる。まず『遊心安楽道』は元来『両巻無量寿経宗要』を根底として八世紀に撰述された「本為二凡夫一兼為二聖人一」を本旨とする浄土教学の概説書であった。その著述はかねてより叡山に存在し、源信教学にも少なからず影響を与えた重要典籍だったのだが、当時、すでに著述名、撰述者名すら明らかでない非常に不明瞭な状態にあったため、『往生要集』成立時から『安養集』成立時までの期間（九八五～一〇七〇）、便宜的に『遊心安楽道』や『遊心安楽集』などと仮称されるに至る。そしてその後、元暁の著述ではなかろうかとの推測の下に全国へ伝播していくこととなったのである。

さらにここにおいて重要な手掛かりとなるのが、その撰述者が全十二種に及ぶ『遊心安楽道』構成典籍をすべて所持していた点、また元暁や迦才の浄土教学は無論、華厳教学、さらには不空羂索経典を介して光明真言の土砂加持などにも博識であったという点である。したがって我々はこれらすべての条件に合致する人物、そしてその人物により撰述された『両巻無量寿経宗要』に立脚する浄土教典籍を特定すればよいこととなる。

おわりに

以上、『遊心安楽道』の撰述者問題に関する先行研究の検討と、撰述者解明の方向性についてのアプローチを行なった。今一度、その要点について整理してみたいと思う。

昭和三十四年(一九五九)、村地氏によって『遊心安楽道』元暁偽撰説が提示されて以降、その撰述者問題は諸氏の着目するところとなり、これまで「八世紀初頭から九世紀初頭の新羅僧撰述説」や「十世紀半ばの叡山僧撰述説」を中心にさまざまな説が提示されてきた。しかし、いずれの見解も今一つの決定力に欠け、この問題はいまだ明瞭な方向性を導き出せない状況にある。それは主として以下の二つの要因に拠るものと言ってよいのではないだろうか。

一つはこれまで諸氏によって提示された見解が、いずれも「新羅僧」「叡山僧」などと個人名を特定しない漠然としたものに終始していた点が挙げられる。すなわちそれは『遊心安楽道』の撰述地域を抽象的に導き出すものにほかならず、『遊心安楽道』の撰述者が誰なのかという根本的疑問に対する回答としては、きわめて不十分なものだったのである。

また今一つは、決していずれの見解も検討されるべきすべての重要ポイントに論及されているわけではない点が挙げられる。たとえば新羅僧撰述説を主張される諸氏は、亡者の救済法として新羅仏教学とは無縁のものである光明真言の土砂加持が取り上げられている点、また朝鮮半島においては近年に至るまで『遊心安楽道』の存在が全く確認されない点に関して具体的に論じられることがなかった。

これに対して叡山僧撰述説を主張される落合氏は、『遊心安楽道』が八世紀初頭までに成立した典籍によって構成されている点について全く触れられていない。

これらの点に鑑みて、筆者は『遊心安楽道』の撰述者の解明へ向けて次の五つのポイントを提示したいと思う。

①撰述者は『遊心安楽道』を構成する十二種の典籍、すなわち『無量寿経』、『観無量寿経』、『阿弥陀経』、『華厳経』、『大宝積経』、『不空羂索神変真言経』、世親撰『無量寿経優婆提舎願生偈』、元暁撰『両巻無量寿経宗要』、迦才撰『浄土論』、懐感撰『釈浄土群疑論』、智儼撰『華厳経内章門等雑孔目章』、慈恩撰『観弥勒上生兜率天経賛』を所持していた人物である。

②『遊心安楽道』の論旨は八世紀の浄土教学の論難に基づいて展開され、また十二種の構成典籍もすべて八世紀初頭までに成立したものである。ならば撰述者は八世紀の人物であった可能性が高い。もし『遊心安楽道』が九世紀や十世紀に撰述されたのであれば、論述内容や構成典籍はもっと異なるものになっていたと思われるからである。

③全十二種の『遊心安楽道』構成典籍のうち、『両巻無量寿経宗要』の引用箇所にかぎって字句の加減や内容の補足が確認されていることは、すなわち『遊心安楽道』が元来『両巻無量寿経宗要』を根底として撰述されたものであることを物語るものと考えてよい。ならば撰述者は元暁の浄土教学を出発点として自らの浄土教学を構築している人物と考えられる。

④『遊心安楽道』には亡者の極楽往生を可能とする方法として、元暁仏教学とも新羅仏教学とも全く無縁のものである光明真言の土砂加持が取り上げられている。ならば撰述者は浄土教学や華厳

教学のほか、不空羂索経典にも造詣が深く、光明真言の土砂加持に着目していた人物でなければならない。

⑤『遊心安楽道』は十一世紀後半の叡山に突如として出現するが、その当初よりなぜか『往生要集』研究の重要典籍の一つとして位置付けられていた。また一方でその事実が全く目録上には反映されておらず、その存在自体が非常に不確定なものであったようにも感じられる。ならば『遊心安楽道』はもともと源信教学にも影響を与えた既存典籍が、『往生要集』成立時から『安養集』成立時（九八五〜一〇七〇）までの叡山で便宜的に仮題されたものとみることができる。

このうち、①と④の二点はこれまで新羅僧撰述説の立場からは論及されることがなかった。逆に②は叡山僧撰述説の立場からは全く黙殺されている。そして③は双方の立場から取り上げられてきた問題であるが、⑤はいずれの立場からも指摘されることがなかった問題である。しからばこれらすべての条件を満足させる人物とは誰なのか。またその人物により撰述された『両巻無量寿経宗要』を根底とする浄土教学の概説書とは何なのか。章をあらためて論じることとする。

註

（1）朝鮮総督府編『朝鮮金石総覧』（国書刊行会、一九七一年）上巻、四二頁。ちなみにここに示される没年から元暁の享年七十歳を逆算すると、『三国遺事』「元暁不羈」に挙げられる元暁の生年「新羅真平王三十九年・隋大業十三年（六一七）」（『大正新脩大蔵経』四九巻、一〇〇六頁a）と一致する。

（2）小田幹治郎「新羅名僧元暁の碑」（『朝鮮彙報』大正九年四月号、一九三四年）、葛城末治「新羅誓幢和上塔碑に就いて」（『青丘学叢』五号、一九三一年）、八百谷孝保「新羅僧元暁伝攷」（『大正大学学報』三八号、一九五

二年）、本井信雄「新羅元暁の伝記について」（『大谷学報』四一号、一九六一年）参照。

（3）金富軾『三国史記』（朝鮮古書刊行会、一九〇九年）六六九頁。ここに「世伝。日本国真人贈㆓新羅使薛判官㆒詩序云。嘗覧㆓元暁居士所㆑著金剛三昧論㆒。深恨㆑不㆑見㆓其人㆒。聞㆓新羅使薛即是居士之抱孫㆒。雖㆑不㆑見㆓其祖㆒而喜㆑遇㆓其孫㆒。乃作㆑詩贈㆑之。其詩至㆑今存焉。但不㆑知㆓其子孫名字㆒耳」と記されている。

（4）『新訂増補国史大系』二巻、四五五頁。

（5）朝鮮総督府編註（1）前掲書、上巻、四一頁。

（6）『大正新脩大蔵経』四九巻、一〇〇六頁a。

（7）『高麗史』（国書刊行会、一九七六年）第一、一一六頁。『高麗史』は李氏朝鮮の文宗元年（一四五一）、鄭麟趾らによって編纂された正史である。

（8）村地哲明「『遊心安楽道』元暁作説への疑問」（『大谷学報』三九巻、一九五九年）参照。

（9）安啓賢「元暁의 弥陀浄土往生思想」（『歴史学報』一六輯、一九六一年、韓国）参照。

（10）金彊模「新羅元暁の文学観」（金知見、蔡印幻編『新羅仏教研究』、山喜房佛書林、一九七三年）、鄭学権「元暁大師の十念義について」（『印度学仏教学研究』二五号、一九七六年）参照。

（11）落合俊典「『遊心安楽道』の著者」（『華頂大学研究紀要』二五号、一九八〇年）参照。

（12）西村冏紹監修・梯信暁著『宇治大納言源隆国編『安養集』本文と研究』（百華苑、一九九三年）九三頁に『大宝積経』の引用が、同じく四八四頁に『不空羂索神変真言経』の引用が確認される。また『遊心安楽道』来迎院本においては第十五紙に『大宝積経』の引用が、同じく第二十九紙に『不空羂索神変真言経』の引用がみられる。

（13）源弘之「新羅浄土教の特色」（金知見、蔡印幻編註（10）前掲書所収）参照。

（14）高翊普「『遊心安楽道』의 成立과 그 背景――『遊心安楽道』는『無量寿経宗要』의 増補、改編이다――」（『仏教学報』一三輯、一九七六年、韓国）参照。

（15）『両巻無量寿経宗要』の十念論は（『大正新脩大蔵経』三七巻、一二九頁a）、『遊心安楽道』の十念論は（『大正新脩大蔵経』四七巻、一一四頁c。来迎院所蔵本第十四紙）、『無量寿経述義記』の十念論は（恵谷隆戒『浄土教の新研究』、山喜房佛書林、一九七六年、「新羅義寂撰無量寿経義記復元本」四一一頁）のそれぞれにみることができる。もっとも『弥勒所問経』自体は早くに散逸したが、十念の定義については先師の引用によって窺い知ることが可能となる。

(16) 法位の見解は『無量寿経義疏』(恵谷註(15)前掲書所収)、玄一の見解は『無量寿経記』(『大日本続蔵経』一編三二套所収)、憬興の見解は『無量寿経連義述文讃』(『大正新脩大蔵経』三七巻所収)、義寂の見解は『無量寿経述義記』(恵谷註(15)前掲書所収)のそれぞれを参照。

(17) 落合註(11)前掲論文、また落合俊典「『遊心安楽道』日本撰述説をめぐって」(『仏教論叢』二四号、一九八〇年)参照。

(18) 章輝玉「『遊心安楽道』考」(『南都仏教』五四号、一九八五年)参照。『遊心安楽道』全七門の対応箇所に関しては、早くに名畑応順氏が次のように『浄土論』からの影響を指摘されている。名畑応順『迦才浄土論の研究』(法藏館、一九五五年)論攷篇、一八二頁。

○『遊心安楽道』	○対応箇所
「初述教起宗致」	迦才撰『浄土論』「八明教興時節」
「二定彼土所在」	迦才撰『浄土論』「一定土体性」
「三明疑惑患難」	
「四顕往生因縁」	迦才撰『浄土論』「三定往生因」
「五出往生品数」	迦才撰『浄土論』「二定往生人」
「六論往生難易」	迦才撰『浄土論』「七将西方兜率相対校量優劣」
「七作疑復除疑」	迦才撰『浄土論』「四出道理」
	迦才撰『浄土論』「九教人欣厭勧進其心」

これに対して章輝玉氏の見解は以下の通りである。

○『遊心安楽道』	○対応箇所
「初述教起宗致」	元暁撰『両巻無量寿経宗要』「初述経之大意」
	元暁撰『両巻無量寿経宗要』「次簡経之宗致」

「二定彼土所在」――智儼撰『華厳経内章門等雑孔目章』「往生義」
「三明疑惑患難」――元暁撰『両巻無量寿経宗要』「次明有四疑惑衆生」
「四顕往生因縁」――元暁撰『両巻無量寿経宗要』「次明往生因者」
「四顕往生因縁」――智儼撰『華厳経内章門等雑孔目章』「往生因」
「五出往生品数」――『観無量寿経』「九品往生義」
「六論往生難易」――慈恩撰『観弥勒上生兜率天経賛』「往生難易」
「七作疑復除疑」

(19) 韓普光『新羅浄土思想の研究』（東方出版、一九九一年）二章四節参照。

(20) 『大正新脩大蔵経』四七巻、一一九頁b。来迎院所蔵本第二十九紙。

(21) 『大正新脩大蔵経』四七巻、一〇二頁c。

(22) 韓註(19)前掲書、二二二頁。また四章にも詳しく論じられている。

(23) 韓註(19)前掲書、二章四節五②「光明真言と日本伝来」参照。

(24) 成尋は源隆国の甥であり、延久四年（一〇七二）に天台真言経書六百余巻、灌頂道具三十八種を携行して入宋した。その行状は在宋日記『参天台五台山記』によって窺い知ることが可能となり、同書の延久四年六月二十日条（鈴木学術財団編『大日本仏教全書』七二巻、講談社、一九七三年、二四〇頁c）、同年七月十日条（同巻、二四一頁b）、同年八月六日条（同巻、二四六頁b）、同年十月二十五日条（同巻、二六一頁b）などには、天台山国清寺や汴京太平興国寺において『安養集』を貸与したこと、『安養集』が国清寺寺主賜紫仲方や鴻植阿闍梨によって評価されたことなどが記されている。また編者隆国が成尋へ送った書状『源隆国贈宋石蔵阿闍梨書状』には、「彼安養集称揚之由。随喜無レ極」（『新訂増補国史大系』二九巻上、四六四頁）の一文も認められる。

(25) 『大日本仏教全書』一巻、八四頁。この識語は享保十年（一七二五）の鸞宿によるものであり、『大正新脩大蔵経』が底本とする鎌倉初期の高山寺所蔵本にはみることができない。また冒頭には「寛治八年永超自校正証献二青蓮院一。于時生年八十二」（『大正新脩大蔵経』五五巻、一一四五頁c）との記載が確認され、もともと青蓮院へ献上するため編録されたものであることも明示されているのだが、青蓮院の草創は永超入滅より半世紀が経過した天養元年（一一四四）の三条白川房に始まり、また青蓮院の名に改称されるのはさらにその後のことであるため、この由来をそのまま信じるわけにはいかない。

(26) 西村冏紹監修・梯信暁註(12)前掲書、①六九頁。②七八頁。③九二頁。④一八七頁。⑤三〇一頁。⑥四四〇頁。⑦四六六頁。⑧四八四頁。⑨五〇七頁。⑩五三二頁。

(27) 『大正新脩大蔵経』八四巻、①一二七頁b。②一四〇頁a。③一四二頁c。④一四四頁c。⑤一五二頁b。⑥一五七頁c。⑦一六四頁c。⑧一七〇頁c。⑨一七一頁a。⑩一七二頁b。

(28) 佐藤哲英『叡山浄土教の研究』（百華苑、一九七九年）資料編、①四〇五頁。②四二四頁。

(29) 『来迎院如来蔵聖教文書類目録』（文化庁文化財保護部美術工芸課、一九七二年）一九頁。この著述は『略論安楽浄土義』などとともに広く鳩摩羅什（三四四～四一三、あるいは三五〇～四〇九）の著述とされていたが、実際は曇鸞（四七六～五四二？）の著述である。

(30) 石田充之『日本浄土教の研究』（百華苑、一九五二年）一八頁。

(31) 「元暁師同レ之者。指二遊心安楽道一也」の一文は『浄土宗全書』一五巻、二八七頁下にみられる。『往生要集』の一文は『大正新脩大蔵経』八四巻、五八頁bに確認され、その出典箇所は『安楽集』大文第二、第三広施問答釈去疑情の第二問答（『大正新脩大蔵経』四七巻、一一頁a）である。もっとも元来は曇鸞撰『略論安楽浄土義』の十念相続の条に挙げられる比喩（『大正新脩大蔵経』四七巻、三頁c）に端を発するものであり、『遊心安楽道』はこの『略論安楽浄土義』の文を鳩摩羅什の説として挙げている（『大正新脩大蔵経』四七巻、一一五頁a。来迎院本第十五紙）。ただし同文は『両巻無量寿経宗要』の『大正新脩大蔵経』三七巻、一二九頁aにも確認されるため、この引文は明らかに『両巻無量寿経宗要』からのものとみるべきであろう。

一方「又伝聞黒谷上人云。此名目依二遊心安楽道一」の一文は、『浄土宗全書』一五巻、二四九頁下に記されており、「但結文云」とする『往生要集』の一文は『大正新脩大蔵経』八四巻、七八頁aにみることができる。たしかに『遊心安楽道』（『大正新脩大蔵経』四七巻、一一五頁b。来迎院本第十六紙）にも同様の文が確認されるが、ここは『大宝積経』発勝志楽会（『大正新脩大蔵経』一一巻、五二八頁c）から直接引用したものとすべきであろう。

(32)『大正新脩大蔵経』三七巻、一二九頁c。
(33)『大正新脩大蔵経』四七巻、一一一頁c。来迎院所蔵本第五紙。
(34)『大正新脩大蔵経』三七巻、一二六頁b。
(35)『大正新脩大蔵経』四七巻、一一二頁a。来迎院所蔵本第五紙。
(36)『大正新脩大蔵経』三七巻、一二五頁c。
(37)『大正新脩大蔵経』四七巻、一一〇頁b。来迎院所蔵本第一紙。
(38)『大正新脩大蔵経』四七巻、八三頁b。
(39)『大正新脩大蔵経』三七巻、一二五頁b。
(40)『大正新脩大蔵経』四七巻、一七頁a。
(41)『大正新脩大蔵経』四七巻、一一九頁c。来迎院所蔵本第三十紙。

第二章　『遊心安楽道』の実質的撰述者・東大寺智憬

はじめに

　はたして『遊心安楽道』の撰述者は誰なのか。結論から言えば、筆者はその人物として八世紀の東大寺華厳宗僧智憬《ちけい》（生没年不詳）の存在に着目している。智憬によって撰述された二種の『両巻無量寿経宗要』の註釈書である『無量寿経宗要指事』と『無量寿経指事私記』のいずれか一方が、『往生要集』撰述時から『安養集』撰述時までの期間（九八五～一〇七〇）の叡山で、便宜的に『遊心安楽道』と仮題されたとみているのである[1]。

　そもそも智憬については『正倉院文書』などの断片的史料でしかその動向を窺い知る術がなく、生没年をはじめとする多くが明らかではない。その所属についても円超の『華厳宗章疏並因明録』（九一四）などには興福寺僧をもって記されているが、『正倉院文書』所収天平勝宝三年（七五一）四月十八日「写私雑書帳」や、天平勝宝四年（七五二）閏三月一日「間写経本納返帳」などからは、東大寺羂索堂を本拠としていたことが窺える。そのため興福寺で出家して研鑽を積んだ後、東大寺羂索堂へ移り住んだとする見方が妥当となるだろう[2]。

この点について井上光貞氏は、天平二十年（七四八）七月二日「一切経散帳」以降、頻繁にみられる「智憬師所」が羂索堂を指しているとの推測の下、少なくとも天平二十年には智憬が羂索堂を本拠としていたことを指摘されている。(3) たしかに羂索堂の創建年次は天平十年（七三八）から天平二十年まで諸説存在し、いまだ明瞭な結論はみていない。しかし井上氏の推測に従って「智憬師所」を羂索堂と位置付けるならば、その創建に際して智憬が羂索堂へ移り住んだ可能性も認められてよいだろう。

加えて東大寺における智憬の位置付けは、次に示す年月闕「僧智憬章疏本奉請啓」からも窺える。

法性《ママ》宗　大学頭承教師　小学頭仙舜師　維那寂雲師　玄愷師
三論宗　大学頭諦證師　小学頭洞真師　維那徳懿師
律宗　　大学頭安寛師　小学頭法正師　維那仙主師
倶舎宗　大学頭善報師　小学頭朗賢師　維那勝貴師
成実宗　大学頭光暁師　小学頭憬忠師　維那賢融師

右□宗学頭師等。各承㆓僧都宣㆒既畢。審察㆓此旨㆒、則差㆓使人㆒。於㆓学頭師等所㆒。令㆑請㆓諸章疏等本㆒耳。然花《ママ》厳宗可㆓写書㆒本。前且進送訖。今亦随㆓求得㆒。則奉㆑送耳。注状謹啓。

僧智憬謹状(4)

□月六日

この史料の日付は明瞭でないが、『正倉院文書』は天平勝宝五年（七五三）のものであると、また石田茂作氏は天平勝宝三年（七五一）か四年（七五二）のものであると推察されている。(5) 当時、各宗の研究機関はそれぞれの研究に必要な経論章疏を蒐集するようになり、やがて良弁（六八九～七七三）により東大寺各宗所蔵典籍目録の編纂が企画されるに至る。この書簡はその目録編纂と並行して各宗に送付されたものであり、各宗学頭から所蔵典籍相互貸借の一件についての了承が得られたので、必要典籍はそれぞれのところへ請求すれば事が足りること、また華厳宗へ請求された章疏はすでに発送したが、さらなる請求があればただちに送付することの二点についてを智憬が述べているのである。

　これにより智憬が東大寺移住後、さほど時を経ずしてその中枢へ参入していたことが窺え、あるいは興福寺僧であった時分よりすでに著名な学僧であった可能性も指摘されてよいだろう。

　さて永超（一〇一二～一〇九五）により編録された『東域伝灯目録』（一〇九四）には、智憬が『無量寿経宗要指事』と『無量寿経指事私記』という二種の『両巻無量寿経宗要』の註釈書を撰述したことが記載されている。

　　無量寿経宗要一巻　元暁　或両巻
　　同経宗要指事一巻　智憬
　　同指事私記一巻　同上(6)

　このほかにも前述の『華厳宗章疏並因明録』からは『記信論同異章』という著述を撰述したことが、凝然（一二四〇～一三二一）の『華厳五教章通路記』（一三一一）からは『五教起』という著述を撰述したことが窺え、また良忠（一一九九～一二八七）の『往生要集義記』には、同じく興福寺出身の善珠（七二三～七九八）の著述に註釈を施したことも紹介されている(7)。

　　智憬師者有云興福寺人也。善珠僧正釈作レ記也。華厳宗章疏目録云。記信論同異章一巻興福寺智憬造。已上。但未レ見二其釈一。此要集三処云二智憬一。有云元暁師大経宗要作レ釈師也。桓武天皇代人也。云云。

さらに『東大寺要録』所収『東大寺華厳別供縁起』には、天平勝宝元年（七四九）より四年間、東大寺羂索堂において『華厳経』六十巻を法蔵撰『華厳経探玄記』二十巻に基づいて講説したことが挙げられ、

能天平十二年庚辰十月八日。金鐘山寺奉為聖朝。請審祥師初講花《ママ》厳経。（中略）三年講六十巻経。講師命終。則三複師請講師各尽廿巻経了。次厳智大徳為講師。標瓊律師。性泰大徳。為複師。亦講六十経了。次智憬大徳為講師。澄叡大徳。春福大徳。為複師講六十経幷疏廿巻了。(8)

凝然の『三国仏法伝通縁起』には、律蔵にも通達していたので道宣（五九六～六六七）の『四分律删繁補闕行事鈔』を講じたことも記述されている。

道融幷智璟《ママ》皆是通達律蔵之人。道融禅師聖武天皇御宇天平年中朗弁僧正由霊夢告請道融禅師為説戒師行布薩法。此即梵網菩薩戒。即請智璟《ママ》法師令講行事鈔。此即世間漸講律蔵。(9)

これらの事例によって智憬が広く一般仏教学に通じていたことが垣間見えるのだが、智憬の著述はいずれも現存せず、本章で取り上げる『無量寿経宗要指事』と『無量寿経指事私記』の二種に関しても、『往生要集』にわずか三箇所その逸文が確認されるのみである。ならば、いったい智憬の浄土教学とはいかなるものだったのだろうか。そして本当に『無量寿経宗要指事』か『無量寿経指事私記』のいずれか一方が、『遊心安楽道』となった可能性は認められてよいのだろうか。ここにおいて具体的に検証してみたいと思う。

智憬教学と『遊心安楽道』の類似点

智憬がいかなる教学を有していたかは明らかでない。しかしその方向性に多大なる影響を与えた二人の師である審祥と良弁の存在に着目するとき、その根底を形成する二つの大きな流れを見出すことが可能となる。一つは審祥より受け継いだ元暁仏教学の影響であり、今一つは良弁より受け継いだ不空羂索観音信仰である。

天平十二年（七四〇）の華厳初講でも知られる審祥は、近年に至るまで新羅僧であると位置付けられてきたのだが、今日では福山敏男氏の指摘によって新羅へ留学した日本僧であると考えられている。福山氏は入唐留学僧を「大唐学生」、入百済留学僧を「百済学生」と称した例からして、「新羅学生」は新羅へ留学した日本僧と考えるべきであり、審祥があたかも新羅僧のごとく扱われるのは、凝然が審祥に冠される「新羅学生」の語を誤解したことに由来していると主張されるのである[10]。

もっとも、いずれにせよ審祥が八世紀前半の新羅仏教学を我が国に請来したことには相違なく、またその中でも深く元暁仏教学に傾倒していたことは、『正倉院文書』から窺える審祥所蔵典籍によっても明言することが可能となる。

たとえば堀池春峰氏の調査によれば、確認される審祥所蔵典籍一七〇部六四五巻のうち、主要なものは以下の通りとなり、元暁（六一七〜六八六）の著述が圧倒的多数を占めていたことが窺える[11]。

・元暁の著述……………………三二部七八巻

・義寂の著述……………………八部一五巻
・浄影寺慧遠の著述………………七部三〇巻
・法蔵の著述………………………七部三〇巻
・慈恩の著述………………………五部二〇巻

たしかに審祥の没年は明らかでなく、審祥と智憬とを直接結び付ける具体的史料も見当たらぬことから、両者の接点については疑問視する向きもあるだろう。実際、『正倉院文書』に確認される智憬関係文書の初見は天平十四年（七四二）九月二十八日付のものであるが、凝然の『三国仏法伝通縁起』には「天平十四年壬午奄焉卒矣」と、審祥がその同年に死亡していることが明示されている。(12)

しかし、この凝然の根拠が明瞭でない以上、天平十四年死亡説を事実として受け止めるのもいかがなものであろう。この点について前述の堀池氏は、『東大寺華厳別供縁起』の「能天平十二年庚辰十月八日。金鐘山寺奉二為聖朝一。請二審祥師一初講二花《ママ》厳経一。（中略）三年講二六十巻経一。講師命終。則三複師請講師各尽二廿巻経一了」という記述に着目し、『三国仏法伝通縁起』に挙げられる天平十四年死亡説は、凝然が華厳経講説講師の使命を終了したことを示す「講師命終」の語を誤解したものであろうと推測されている。

そして『正倉院文書』から数例の文書を取り上げて、少なくとも天平勝宝三年（七五一）一月頃までは審祥の生存を確認することができる点、江戸末期まで東大寺では毎年一月十四日に審祥大徳忌が行なわれており、審祥の忌日が一月十四日に特定することができる点などから、審祥入寂を天平十七年（七四五）から天平勝宝三年までの一月十四日であると特定されているのである。(13)

そもそも審祥の華厳初講はほかならぬ智憬の師良弁によって企画されたものであり、その二年後の天平十四年には、良弁と智憬がすでに確然たる師弟関係にあったことを示す具体的史料も存在する。ましてや『正倉院文書』によれば、智憬はたびたび審祥の所蔵する典籍を借覧しており、元暁撰『両巻無量寿経宗要』『金剛三昧経論』『法華略述』『梁摂論疏抄』のほか、円測（六一三～六九六）撰『無量義経疏』、義寂撰『梵網経菩薩戒本疏』、玄一撰『無量寿経疏』、太賢撰『梵網経古迹記』など、新羅僧の著述を多数所持していたことも明らかである。(14)

たしかに審祥と智憬との直接の師弟関係は可能性として留めざるを得ないが、智憬の教学は明らかに審祥によってもたらされた元暁仏教学や新羅仏教学の影響下に構築されたとみるべきであり、『両巻無量寿経宗要』の註釈書を撰述したのもそのような背景に立脚してのものと考えられよう。

また良弁が不空羂索観音を信仰していたことは、羂索堂の前身である金鐘寺の本尊に不空羂索観音を据えるなど、かねてより多くの研究者の着目するところであった。その信仰の根源がいずこにあったかは定かでないが、名畑崇氏は『不空羂索神変真言経』に登場する執金剛秘密主菩薩と、良弁が優婆塞時分より信仰していた執金剛神とが同一のものと考えられることから、執金剛神を不空羂索観音と衆生との媒介者として位置付けることによって説明されている。(15) また五来重氏は『不空羂索神変真言経』に説かれる光明真言の滅罪性に加え、不空羂索観音の別名が鹿皮衣観音であることから、常に鹿皮の引敷を携行していた優婆塞の象徴として不空羂索観音に着目したのであろうと推測されている。(16)

一方、智憬が羂索堂を本拠としていただけでなく、数種の不空羂索経典を所持して研究に励んでいたことは、次に挙げる天平感宝元年（七四九）閏五月七日類収「納櫃本経検定幷出入帳」の記述などからもみて取れる。

長官宮

不空羂索心呪王経一部三巻閏　不空羂索呪経一巻

右。依二良弁大徳天感元年五月七日宣一。奉レ請二智憬師所一。使二沙弥貞軫一。

返送了　　知史生志斐　　他田水主[17]

しかし膨大なる審祥所蔵典籍には不空羂索経典がただの一種として含まれていない。すなわちそれは新羅において元暁仏教学と不空羂索観音信仰とが結び付けられる機縁がなかったことを物語るものであり、智憬の不空羂索観音信仰がひとえに良弁の影響下に構築されていったものであることを立証するものと言ってよい。したがって我々は、この智憬においてもともと無縁のものであった元暁仏教学と不空羂索観音信仰とが融合する歴史上唯一の具体的可能性を見出すことができるのである。

さらに智憬教学と『遊心安楽道』との教学的類似性は、『往生要集』に認められる次の三箇所の『両巻無量寿経宗要』の註釈書の逸文からも指摘することが可能となる。

①『往生要集』大文第三「明極楽証拠」

迦才師三巻浄土論引二十二経七論一。一無量寿経。二観経。三小阿弥陀経。四鼓音声経。五称揚諸仏功徳経。六発覚浄心経。七大集経。八十方往生経。九薬師経。十般舟三昧経。十一大阿弥陀経。十二無量清浄平等覚経。已上。双巻無量寿経。清浄覚経。大阿弥陀経。同本異訳也。一往生論。二記信論。三十住毘婆沙論。四一切経中弥陀偈。五宝性論。六龍樹十二礼偈。七摂大乗論弥陀偈。

已上。智憬師同レ之。(18)

②『往生要集』大文第十「問答料簡」

雖レ有二異説一。快楽不レ別。何況判二彼九品所経日時一。諸師不レ同。懐感智憬等諸師。許二彼国土日夜劫数一。誠当レ所レ責。(19)

③『往生要集』大文第十「問答料簡」

問。若爾。云何双巻経説二十念往生一。云二唯除五逆誹謗正法一。答。智憬等諸師云。若唯造二五逆一者。由二十念一故得生。若造二逆罪一亦謗法者不レ得二往生一。(20)

まず①は「十方有二浄土一。何唯願レ生二極楽一耶」の問いに対して智顗（五三八～五九七）の『浄土十疑論』の見解を引いた後、併せて迦才の『浄土論』に提示される十二経七論(21)を典拠として挙げる箇所であり、智憬の註釈書にも『浄土論』と同様の記述が存在したことが付記されている。

迦才の『浄土論』は元興寺の智光などによっても重視されていたが、(22)『正倉院文書』には全く書写記録が残っておらず、当時においては非常に稀少な存在であったようにも感じられる。しかし智憬がいち早く『浄土論』を入手し、『両巻無量寿経宗要』の註釈を『浄土論』との対照の下に行なっているという点は、きわめて着目すべき事例として挙げられてよい。

おそらく東大寺各宗所蔵典籍目録の編纂に際して中心的役割を担っていた関係から、また出身寺院である興福寺にも入手ルートが存在したであろう関係から、稀少典籍でも容易に閲覧できる立場にあったのではないだろうか。

また②の『無量寿経』胎化段に関して論じる箇所では、智憬の註釈書に懐感の『釈浄土群疑論』極楽時劫章の説と同様の見解が記されていたことが挙げられている。[23] 胎化段は釈尊が阿難および慈氏菩薩に対して胎生化生、信疑得失、胎宮喩説を述べる箇所であり、源信はここにおいて憬興、義寂などが主張するところの胎生は中品と下品であるとする説、曇鸞（四七六～五四二?）、元暁などが主張するところの胎生は九品往生に含まれないとする説を挙げ、「雖レ有二異説一。快楽不レ別。何況判二彼九品所経日時一」と述べている。

そして、

若有二衆生一。以二疑惑心一。修二諸功徳一。願レ生二彼国一。不レ了二仏智。不思議智。不可称智。大乗広智。無等無倫最上勝智一。於二此諸智一。疑惑不レ信。然猶信二罪福一。修二習善本一。願レ生二其国一。此諸衆生。生二彼宮殿一。寿五百歳。常不レ見レ仏。不レ聞二経法一。不レ見二菩薩。声聞聖衆一。是故於二彼国土一。謂二之胎生一。[24]

に記される「寿五百歳」の解釈に関して善導（六一三～六八一）の見解「仏以二此土日夜一説レ之。令二衆生知一」[25]を支持するため、懐感、智憬らが主張する日時は極楽の劫数をもって示されているという見解を否定しているのである。

もっとも元暁はこの問題に関して、仏智を総評の句、他の不思議智、不可称智、大乗広智、無等無倫最上勝智の四智を、それぞれ成所作智、妙観察智、平等性智、大円鏡智に配した上で、仏の四智を疑う者は辺地に生じて見仏聞法できないと詳細に論じているのに対し、「寿五百歳」に関しては何ら具体的に解説していない。

若人不レ決二如レ是四疑一。雖レ生二彼国一而在二辺地一。如レ其有レ人。雖レ未下明解中如二前所説一四智之鏡上。

而能自謙。心眼未レ開。仰二惟如来一。一向伏信。如レ是等人。随二其行品一往二生彼土一。不レ在二辺地一。生着レ辺者。別是一類。非二九品摂一。是故不レ応三妄生二疑惑一也(26)。

おそらく辺地胎生を九品往生におさめないと位置付ける関係上、あえて論じる必要なしとして論釈を避けたのではないだろうか。ならばこの点について智憬が『釈浄土群疑論』を参考に論及したとしても、それがすなわち元暁の見解を逸脱するものと結論付けるにはいささかの問題も生じよう。ところが③の逆謗除取の問題に関して論じる箇所では、明らかに趣が異なっている。逆謗除取の問題とは、五逆罪や謗法罪を犯した者の救済に関して『無量寿経』が明瞭に否定するのに対し、『観無量寿経』は十念を具足すれば救済されると全く相違する見解を論じる矛盾を扱ったものである(27)。

源信はここにおいて『釈浄土群疑論』が「古今大徳釈二此両経一有二十五家一共解二此経一」として示す十五家の釈のうち、第三家として挙げる曇鸞の『無量寿経優婆提舎願生偈註』の説「三観経取者。唯是造二五逆一人。寿経除者。是造二五逆及謗法一人」、第十一家として挙げる義寂の『無量寿経疏』の説「十一観経取者。説二五逆業是不定業為レ可レ転時一。寿経除者。説二五逆業是定業不レ可レ転時一」を具体例として提示し、さらに懐感がこれらの諸説を用いずして独自の解釈を施している点を紹介した上で、自らは「此義未レ決別応二思択一」と保留の形を取っている(28)。

その一つ、『無量寿経』に救済されないと説かれるのは五逆罪と謗法罪の両罪を犯した者、『観無量寿経』に救済されると説かれるのは五逆罪のみを犯した者とする第三家の説を紹介する箇所において、智憬がこの見解を支持していたことが併せて挙げられているのである。

しかし、元暁が『両巻無量寿経宗要』に示すのは懺悔の有無に着目して会通する説、

彼観経中。不レ除二五逆一。唯除誹謗方等之罪。今此両巻経中説言。除二其五逆。誹謗正法一。如二是相違一。云何通者。彼経説其雖レ作二五逆一。依二大乗教一。得二懺悔一者。此経中説不二懺悔一者。由二此義一故。不二相違一也。

懐感が「一観経取者。是懺悔人。寿経除者。是不二懺悔一人」と挙げるところの第一家の説である(29)。すなわち逆謗除取の問題に関するかぎり、元暁の見解（第一家）と智憬の見解（第三家）は明らかに相違していると言わざるを得ないのである。

このように検証していくと、智憬は『両巻無量寿経宗要』を『浄土論』や『釈浄土群疑論』などとの対照の下に註釈し、場合によっては元暁の見解すらも否定していることが明らかとなる。この取捨選択の姿勢は『遊心安楽道』のそれと全く趣を同じくするものと言ってよい。

また何よりもこの智憬の教学に着目するとき、もともと無縁のものであった元暁浄土教学と不空羂索経典との接点を見出すことができるだけでなく、その教学が源信によって着目されていたという事実をも立証することが可能となる。ならば智憬により撰述された二種の『両巻無量寿経宗要』の註釈書のいずれか一方が、『往生要集』成立時から『安養集』成立時までの期間（九八五～一〇七〇）の叡山で、便宜的に『遊心安楽道』と仮題された可能性は考えられないだろうか。

実際、叡山においても南都においても智憬によって撰述された二種の註釈書と『遊心安楽道』とが並存する期間は全く認められない。叡山において智憬の註釈書は『往生要集』（九八五）に引かれたのを最後に姿を消すが、『遊心安楽道』はその一世紀後、『往生要集』研究の参考文献を目的に撰述された『安養集』（一〇七〇頃）に引用される形で出現している。

一方、南都においても智憬の註釈書は『東域伝灯目録』（一〇九四）に載録されたのが確認される最後であるが、『遊心安楽道』はその半世紀後、珍海（一〇九一〜一一五二。一説に一一六五没）の『決定往生集』（一一四二）に引用される形で歴史上に登場している。すなわち『遊心安楽道』の存在が確認されるのは、いずこにおいても二種の智憬の註釈書が双方とも完全に散逸して以後のことなのである。

智憬と光明真言の土砂加持との接点

前章において筆者は、『遊心安楽道』の撰述者解明のポイントとして次の五点を指摘した。

①撰述者は『遊心安楽道』を構成する全十二種の典籍を所持していた。
②撰述者はその論述内容や所持典籍から八世紀の人物であると考えられる。
③撰述者は『両巻無量寿経宗要』を批判的に註釈した浄土教学の概説書を著している。
④撰述者は浄土教学や華厳教学のほか、不空羂索経典にも造詣が深かった。
⑤撰述者の教学は源信の『往生要集』に少なからず影響を与えている。

はたして智憬により撰述された二種の『両巻無量寿経宗要』の註釈書の一方が、『往生要集』成立時から『安養集』成立時までの期間（九八五〜一〇七〇）の叡山で『遊心安楽道』と仮題されたのであれば、この五点の中の②③④⑤の四点がクリアされることとなる。智憬は八世紀の華厳宗僧であり、東大寺羂索堂を本拠として不空羂索経典の研鑽にも励んでいた。またその著述である『両巻無量寿経宗要』の註釈書は『往生要集』にも三箇所にわたって取り上げられ、智憬の思想が源信教学に少なからず影響を及ぼしていたのも事実である。

ならば残る①の条件はどうだろう。筆者は智憬が所持していた典籍、さらに智憬の周囲に確実に存在した典籍にも目を向けると、そのクリアも十分に可能になると考えるのである。

まず『正倉院文書』や『往生要集』に残る逸文から、智憬が『華厳経』、元暁撰『両巻無量寿経宗要』、迦才撰『浄土論』、懐感撰『釈浄土群疑論』の四種を所持していたことは明白である。また『正倉院文書』から師である審祥が世親撰『無量寿経優婆提舎願生偈』、智儼撰『華厳経内章門等雑孔目章』、慈恩撰『観弥勒上生兜率天経賛』の三種を所有していたことも窺える。さらに浄土教学研究に必要不可欠な『無量寿経』『観無量寿経』『阿弥陀経』『大宝積経』の四種は、当時、広く我が国に流布していたきわめて一般的な経典だった[30]。

ただし『不空羂索神変真言経』に関しては智憬が所持していたことを窺わせる明確な史料もなく、落合俊典氏に至っては、「『不空羂索神変真言経』は『正倉院文書』に有名無実として挙げられているし、空海の『御請来目録』（八〇六）にも巻六と巻二十のわずか二巻だけしか伝わらなかった。『安然録』（八八五）に至ってようやく完備したのである」として、元慶九年（八八五）以前の我が国における『遊心安楽道』撰述の可能性を、『不空羂索神変真言経』の引用という観点から完全に否定されている[31]。

しかし決してそうではない。『不空羂索神変真言経』は入唐僧玄昉（?～七四六）によって天平七年（七三五）に請来されており、『正倉院文書』からも本章末尾に掲げた〔資料1〕のように、十分その事実を立証することは可能となる。実際、奈良期の写本のいくつかは現存しており、高野山三宝院所蔵の第一巻、第二巻、第三巻、第四巻、第五巻、第八巻、第十巻、第十一巻、第十二巻、第十三巻、第十四巻、第十六巻、第十八巻、第二十二巻、第二十四巻、第二十六巻、そして個人蔵の第九巻、計十七巻の現存が報告されているのである[32]。

ならば、なぜ天平七年より我が国に存在していた『不空羂索神変真言経』が、次に挙げる天平勝宝五年（七五三）二月十一日「種々観世音経幷応用色紙注文」や、同年二月日闕「有名無実経目録」、同年五月七日類収「未写経律論集目録」などには、相次いで「有名無実」と記されているのだろうか[33]。

観自在菩薩随心陀羅尼経一巻
不空羂索神変真言経三十巻
右卅一巻、有名無実

この疑問に関しては、本来全三十巻であるはずの『不空羂索神変真言経』が常に二十八巻分しか書写されていない点、また天平宝字二年（七五八）の下半期に『新羂索経』なる経典が盛んに書写されている点の二点に着目する必要がある。

当時、全三十巻であるはずの『不空羂索神変真言経』が二十八巻分しか書写されなかったのは、宝亀五年（七七四）類収「写経目録」の記述「不空羂索神変真言経三帙卅巻、欠第六、第卅」[34]からも明白なように、我が国に第六巻と第三十巻の二巻が存在しなかったためである。

たしかに〔資料1〕から巻数の存在が明確に判別できるものを抜粋した〔資料2〕を見ても、宝亀六年（七七五）九月十三日「出雲乎麻呂手実」に第六巻の書写が一例みられるものの、第六巻と第三十巻が欠巻であった事実は十分に窺い知ることが可能となる。また前述の三宝院には奈良期に書写された『不空羂索神変真言経』十六巻のほかにも、平安期書写の第六巻と第三十巻の二巻が所蔵されているが、これも奈良期の欠巻であった二巻を平安期になって補塡したものと考えてよい。

空海（七七四～八三五）もそのあたりの事情に立脚してであろうか、大同元年（八〇六）、唐からの帰国に際しては『不空羂索神変真言経』第六巻、第二十巻の二巻を持ち帰っているのである。もちろん『正倉院文書』より窺える欠巻が第六巻と第三十巻の二巻であるのに対し、空海請来のそれは第六巻と第二十巻。一方が異なっている点はさらに疑問視する必要もあるだろう。

しかし空海の『御請来目録』に「不空羂索真言経二巻　第六巻　第二十巻　三十巻中闕本」と明示され、またこの『不空羂索神変真言経』二巻を含む二十四種の典籍を列挙した後に、「右二十四種九十七部。或近訳未㆑伝㆓此間㆒。或旧訳名来実闕。古人所㆑未㆑伝略在㆓斯中㆒」と続けられていることからも、この二巻に欠巻補充の意味合いがあったことは明白である。[35]

さらに空海門下の円行（七九九～八五二）が、承和六年（八三九）にあらためて唐より第六巻、第三十巻の二巻を持ち帰り、[36] 以後、真言宗入唐僧の『不空羂索神変真言経』の請来が完全に途絶えていることなども考慮するならば、さほど光明真言に興味を抱くことのなかった空海が、第三十巻と第二十巻を取り違えたものとの見方が妥当となるだろう。[37]

一方、『新羂索経』十部二百八十巻は〔資料3〕のごとく天平宝字二年（七五八）の下半期、わずか半年ほどの間に盛んに書写された経典である。しかし現存せず、どのような内容のものであったのかすらも明らかではない。

もっともこの『新羂索経』は決して一部二十八巻単位で書写されることがなく、いかなることか常に十部二百八十巻が一括のものとして扱われていた。また『新羂索経』の存在が確認される天平宝字二年は、『不空羂索神変真言経』が「有名無実」とされた天平勝宝五年（七五三）から、同経が盛んに書写され始める宝亀二年（七七一）までの期間に位置しており、『不空羂索神変真言経』の書写が本格的に開始されて以降、本経典はあたかもその役割を終えたかのごとく歴史の闇へと姿を消している。[38]

これらの点に留意すれば、当時の我が国に存在した五種の不空羂索経典、

・菩提流志訳『不空羂索神変真言経』二十八巻（三十巻中、第六巻と第三十巻が欠巻）
・宝思惟訳『不空羂索陀羅尼自在王呪経』三巻
・李無諂訳『不空羂索陀羅尼経』一巻
・玄奘訳『不空羂索神呪心経』一巻
・闍那崛多訳『不空羂索呪経』一巻

のうち、誤字脱字などで形態の異なった『不空羂索神変真言経』二十八巻を十部一括したものとみることができるのではないだろうか。

したがって次のような推測が可能となる。天平七年、玄昉によって請来された『不空羂索神変真言経』三十巻は、さほど時を経ずして第六巻と第三十巻の二巻が欠巻となってしまったばかりか、残る二十八巻も誤字脱字等の混入によって通読すら不可能な状態になってしまう。おそらく『正倉院文

書』にみられる「有名無実」の記述も、そのあたりの事情に立脚してのものと考えてよかろう。

しかし、その一方で『不空羂索神変真言経』の重要性が十分認知されていたのも事実である。それは急場しのぎに誤字脱字の多い『不空羂索神変真言経』十部を一括した『新羂索経』が作成され、便宜上、この経典が盛んに書写されていることからも明言されてよい。ならば東大寺羂索堂を本拠として不空羂索経典の研鑽に励み、稀少典籍の閲覧も容易であった智憬が『不空羂索神変真言経』を所持していたのは、むしろ至極必然的なこととして受け止められるのではないだろうか。

そもそも玄昉が唐より請来した『不空羂索神変真言経』三十巻は、智憬の出身寺院である興福寺に安置されており、その玄昉は智憬が註釈を施すほどの間柄でもあった善珠の直接の師匠に当たる。ましてや玄昉と智憬の師匠良弁は、ともに義淵（？～七二八）に学んだ兄弟弟子であり、前述した名畑崇氏や五来重氏の推測通り良弁の不空羂索観音信仰が『不空羂索神変真言経』を契機としたものであるならば、良弁はすでにきわめて早い時期から『不空羂索神変真言経』を入手していたことになるのである。

もっとも筆者の推測通り『遊心安楽道』の実質的な撰述者が智憬であるならば、智憬はすでに八世紀半ばに光明真言の土砂加持に着目していたことになる。しかし我が国において光明真言の記録が確認されるのは、九世紀半ば、もしくは後半になってからであり、智憬が活躍した時期から一世紀も後のことなのである。

『日本三代実録』の元慶四年（八八〇）十二月十一日条には、清和天皇（八五〇～八八〇）崩御に際して光明真言が誦されたことが記述されており、今日、これが我が国における光明真言の初例とされている(39)。

於二円覚寺一。延二僧五十口一。始レ自二今日一。昼読二法華経一。夜誦二光明真言一。弁官行レ事。用度所レ須。用二大蔵省物一。太上天皇崩後卅九日。為二薫修之終一焉。

これに対して速水侑氏は、貞観五年（八六三）正月十一日に行教によって建立されたと伝えられる石碑『石清水八幡宮護国寺略記』の記述、

依レ有二勅命一。宮事付二人々一。参二候彼宮一。始レ自二同三年正月三日一。至二于廿七日一。幷廿四箇日夜之間。読僧誦僧一百一人。奉レ修二御願一。奉レ読大般若経二部千二百巻。金剛般若経一万一千六百五十巻。理趣般若経百冊六巻。光明陀羅尼七万五千遍既畢。

に着目し、『日本三代実録』貞観十七年（八七五）三月二十八日条、

先レ是。故太政大臣藤原朝臣欲レ令下今上垂拱而馭二百霊一。無為而安中万民上。奉二為八幡大菩薩一。於二豊前国一写二一切経一。令三故伝灯大法師位行教撿二挍其事一。

同十八年（八七六）八月十三日条、

石清水八幡護国寺申牒偁。故伝灯大法師位行教。去貞観二年奉二為国家一。祈二請大菩薩一。奉レ移二此間一。

などの関連記事から、「貞観二年、行教が宇佐に下向し祈請したのは事実であろう。そこで光明真言が誦されたか、にわかに断定できないが、清和天皇追善のため特に光明真言が誦されたことを併せ考えると、良房、清和天皇と密接な関係にあった行教が、御願を修し奉るため光明真言を誦するのは自然であり、年代から言っても元慶四年に十九年先立つのみであるから、この貞観三年の光明真言読誦

は史実と見なしてほぼ誤りないのではあるまいか」として、すでに貞観三年（八六一）に光明真言が誦された可能性を指摘されている。[40]

いずれにせよ、九世紀半ば以前の光明真言に関する具体的実例は全く確認することができず、さらにそれを光明真言の土砂加持に限定するならば、源信や慶滋保胤（?〜一〇〇二）を中心とした念仏結社二十五三昧会が活躍する十世紀終わりまで俟たねばならない。[41]

しかし筆者は、すでに智憬が八世紀半ばに光明真言の土砂加持に着目していた可能性は十分に認めてよいと考えている。まず元慶四年（八八〇）の清和天皇の葬儀に際して光明真言が用いられたという事実は、少なくともその時点においてすでに光明真言に関する研究が十分に行なわれていたことの所産であるとみてよい。天皇の葬儀に突如、光明真言が試験的に用いられたとは考え難いからである。

また光明真言法の本尊として天台宗が不空羂索観音、大日如来、阿弥陀仏を、真言宗が胎蔵界大日如来を提示しているのに加え、手印についても明恵（一一七三〜一二三二）が『華厳仏光三昧観秘宝蔵』に「古来依二師説一用二三印一。一智拳印。二外五貼《ママ》印。三与願施無畏印」[42]と記すなど、本修法の儀軌に関しては早期より諸説が混在して混乱を極めていた。つまるところ、これも光明真言法がきわめて早い時期からさまざまに行なわれていたことを立証するものととらえてよい。まさしく速水侑氏が「弥陀信仰と密着した光明真言信仰は、菩提流志や不空の経軌に立脚する伝統的密教教学とは別の場において形成されたのであり、それが後になって台密、東密に流入し、秘密修法として重んじられるようになった結果、本尊、真言などに多くの混乱が生じたのではないか」[43]と推測される通りであろう。

加えて『興福寺縁起』（九〇〇）「講堂」の項には、天平十七年（七四五）、牟漏女王（?〜七四六）

が自身の病気平癒のために不空羂索観音像造立を志し、併せて『不空羂索神呪心経』一千巻を書写しようとしたのだが、何ら効なく中途で没したため、その子藤原真楯（七一五〜七六六）があらためて追善供養を目的に不空羂索観音像を完成させた逸話が挙げられている。

講堂

右。安二置羂索菩薩像幷四天一也。天平十七年歳次二乙酉一正月。正三位牟漏女王寝レ膳違和願造二件像一幷写二神呪経一千巻一而蔵レ山遷。不レ果二其願一。孝子従二位藤原夫人正四位下民部卿藤原朝臣等並願二先志一。堂造二忌日一矣。

件像。以二弘仁四年一長岡右大臣奉レ造。未レ作二円堂一之仮以安置也[44]。

『不空羂索神呪心経』には本経受持により現世に得られる二十の功徳、臨終時に得られる八の功徳が提示されているが、おそらく牟漏女王の視線はその一つである「有二病生一而速癒」に、また藤原真楯の視線は「隋レ願往二生諸仏浄国一」に向けられていたのであろう[45]。すなわちそれはすでに八世紀半ばに不空羂索観音を信仰することにより得られる功徳が貴族層の一部にまで浸透し、追善供養という観点からも不空羂索観音が着目されていたことを物語る実例として挙げられてよい。

ならば南都に『不空羂索神変真言経』第二十八巻が確実に存在し、智憬が不空羂索観音に関する研究をライフワークとしていた以上、亡者への追福法として光明真言の土砂加持が着目されるのは、むしろきわめて必然的な流れだったとみるべきなのではないだろうか。

たしかにその一方で、八世紀半ばの我が国には通読すら不可能な『不空羂索神変真言経』の写本しか存在せず、とても研究が可能となるような状況になかったとする意見もあろう。前述のように当時、

『不空羂索神変真言経』は第六巻と第三十巻が欠巻となっていたばかりか、残る二十八巻も多数の誤字脱字等から「有名無実」とされており、便宜的に趣の異なった『不空羂索神変真言経』二十八巻を十部一括した『新羂索経』なる経典まで作成されていた。

ところが『遊心安楽道』には、そのような当時の事情を吐露した決定的な一文が存在する。亡者の極楽往生を可能とする方法として、光明真言の土砂加持の典拠である『不空羂索神変真言経』の文を二箇所にわたって提示した後、あえて「此等経文。往々而在」というきわめて不自然な独立文を補足しているのである(46)。

もっともこの「此等経文。往々而在」の一文に関しては、あくまでも亡者の極楽往生を可能とする一具体例として、光明真言の土砂加持が提示されたことを示唆するものにすぎないと位置付ける向きもある。たとえば『遊心安楽道私記』を撰述した浄土宗の義海（?～一七五五）は次のように記述し、亡者の極楽往生の問題は顕教の枠内でも十分に可能となることを強調している。

問。今海東以レ拠二灌頂光真言一論レ之。則亡者追福明証者。独在二真言一。而顕教之中全無二其説一耶。
答。不レ爾。今引証意。且以レ是示二大乗縁起難思一耳。非レ謂三但真言有二此説一。既言二此等経文往々而在一。則何必局二此一経一乎。然世之密徒。動恃レ此蔑二視顕詮一者。管窺之甚矣(47)。

同様に名畑応順氏も光明真言の土砂加持の提示は、「密教思想の影響を受けた俗信仰を取入れたものであって、この書独特のものではあるが、これは蛇足であって、なくもがなと思はれるものである」と非常に軽視され(48)、落合俊典氏も「光明真言の引用の後で此等経文、往々而在と述べているが、この表現は著者が密教経典を経証として挙げたことをやわらげようと意図したことを語っている。密教に限らず他にも多く散見するとの謂いである」と具体例であることを指摘されている(49)。

しかし『遊心安楽道』において光明真言の土砂加持は、決して一具体例として位置付けられているわけではない。本問答では「問親遇二善縁一。預二九品生一。頻見二文義一。憤心雲披。若有二衆悪一。不レ識二修善一。已入二三途一。為下有二方便一。救中彼亡霊上。令レ除二業障一。生二極楽界一以不」として、すでに三悪道に沈んだ亡者の極楽往生の可能性の有無とその方法が問題とされている(50)。そしてその回答として前世の業により三悪道に沈んだ亡者を救済の対象とするのであるから、きわめて容易で効果的な方法でなければならないとする絶対条件の下、『安楽集』などに挙げられる追福の念仏ではなく、光明真言の土砂加持が唯一最適の方法として選択されているのである。

「此等経文。往々而在」の一文が記されるのは、その典拠となる『不空羂索神変真言経』の経文が二箇所にわたって引用された直後のことであり、光明真言の土砂加持についての詳しい解説、亡者への追福法として着目すべき理由などについては、さらにその後に配置されている。ならば「往々而在」とされるのは、あくまでも「此等経文」であって、決して「此等修法」ではなかったとみる必要があるのではないだろうか。

はたして「此等経文。往々而在」の一文に密教的修法の提示を一具体例に留めようとの意図があったのであれば、この一文はもっと別の表現で、光明真言の土沙加持に関するすべての論述が終了した後に配置されるべきである。また併せて顕教経典に立脚した何らかの代替案が提示されてしかるべきであろう。しかし本問答においては「此等」と表現しながらも複数の修法が挙げられることはなく、末尾の一文「散二呪砂墓上一。尚遊二彼界一。況乎呪レ衣著レ身。聆レ音誦レ字者矣」に至るまで、光明真言の土砂加持を宣揚する論述が延々と続けられているのである。

そもそもこのような認識自体が、浄土教以外の諸教義を選捨する浄土宗や浄土真宗の宗学的見地から発せられたものであり、少なくともここにおいて光明真言の土砂加持を一具体例に留めなければならない必然性が全く認められない以上、やはり明恵の「詮ずる所は現世に真言を持念し、後生に土砂の勝利を仰がれば、是勧信の本意なり」と広く光明真言信仰の啓蒙が視野に入れられていたとする主張[51]や、章輝玉氏の「呪文によって聖化した衣服を着、真言を聴き、誦得る功徳の大きさを強調することは、密教信仰への専念を勧める撰者の意図を示している」[52]などの見解を妥当とすべきではなかろうか。

しからば「此等経文。往々而在」の一文には、いかなる意味合いが込められていたのだろう。この一文をそのまま文面通りに受け止めるならば、次の二つのいずれかの事情に配慮しての注意書きとみることができる。一つは撰述者の周囲に『不空羂索神変真言経』第二十八巻以外にも光明真言の土砂加持の典拠となる「経典の種類」が多数存在していた可能性であり、今一つは『不空羂索神変真言経』第二十八巻自体の「経文の形態」が多数存在していた可能性である。

しかし前者は明らかに否定することができる。そもそも今日、光明真言の土砂加持の典拠とされるのは『不空羂索神変真言経』『毘盧遮那仏説金剛頂経光明真言儀軌』『不空羂索毘盧遮那仏大灌頂光真言』のわずか一経二軌であるが、このうち、『毘盧遮那仏説金剛頂経光明真言儀軌』は『遊心安楽道』出現とほぼ同時期に我が国で偽撰されたもの、また『不空羂索毘盧遮那仏大灌頂光真言』も『不空羂索神変真言経』第六十八灌頂真言成就品を抄訳したものにすぎない。

すなわち『遊心安楽道』成立以前において光明真言の土砂加持の典拠となり得たのは、『不空羂索神変真言経』の一種、もしくは『不空羂索神変真言経』と『不空羂索毘盧遮那仏大灌頂光真言』という同内容の二種であり、はたして「此等経文」を「経典の種類」ととらえるのであれば、いかなることか『遊心安楽道』はこのような状況を「往々而在」と表現していることになるのである。

一方、『不空羂索神変真言経』第二十八巻自体の形態が誤字脱字などの混入によって不明瞭な状態にあった可能性であるが、前述のように少なくとも智憬の周囲には確実にそのような状況が存在した。『不空羂索神変真言経』が有名無実経典として位置付けられていたばかりか、便宜的に趣の異なった『不空羂索神変真言経』十部を一括した『新羂索経』なる経典まで作成されていたくらいである。

加えて『不空羂索神変真言経』が「有名無実」と位置付けられた天平勝宝五年（七五三）には、次のような書簡も存在する。

倶舎論一部卅巻。疏二部卅巻一部光法師十五巻一部法宝師者。両巻無量寿疏二巻中下新羅玄一師集。又宗要幷綱目二巻。理門論抄一巻範法師述。因明論疏一巻文備師述。宝性論科文一巻。法花《ママ》略述一巻元暁師述。起信論疏一巻青丘大行師述。高僧伝□□一巻。枢要私記一巻下巻上巻未二勘了一今日不二奉送一。起信論私記一巻。問答一巻勝庄《ママ》師述。起信論疏一巻法蔵師述。楞伽疏三巻之中一巻今日不二奉送一必以二明日一上。

右。縁二所レ請数一。且奉送如レ前。注レ状以啓。

不二別紙一。釈浄土群疑一巻懐感師述。枢要記一巻上巻。楞伽疏一巻教輪師為二講経一被レ見始末レ了今日不二奉送一。

右。為二勘挍一始未レ畢。今日不二奉送一。乞加二芳恩一一二日之間。蹔垂二聴許之一。謹啓。

天平勝宝五年八月廿六日

僧智憬謹状(53)

これは華厳宗が『両巻無量寿経宗要』を含む十七部をいずこかに送付したことを伝えたものであるが、井上光貞氏はそこに提示されている著述の多くが「審祥書類」から借覧されたものである点に着目し、「智憬は勝宝四、五年のころに新羅華厳の中心人物たる元暁の宗要の註釈に着手し、様々の関係書を審祥の蔵書から借り出し、恐らく五年八月二十六日以前に一応その功を畢ったものではあるまいか」と推察されている(54)。

智憬の註釈書の成立年次に関してはさらに問題視する必要もあるだろうが、はたしてこの書簡が『無量寿経宗要指事』や『無量寿経指事私記』の撰述に直接関連するものであるならば、まさに智憬がテキストとしていた『両巻無量寿経宗要』を返却した同年（七五三）に、『不空羂索神変真言経』は「有名無実」と位置付けられていたことになり、「経文の形態」が「往々而在」という状態に置かれていたことが立証されるのである。

やはりこの不自然な一文は、八世紀半ばの我が国における『不空羂索神変真言経』第二十八巻の不明瞭な状態に配慮しての注意書きだったとみるべきであり、今日では文中に組み入れられているものの、もともとは独立した脚註の類いだったと考える必要があるのではないだろうか。

ところで筆者の見解には今一つ重要な問題が残されている。智憬が撰述した『両巻無量寿経宗要』の註釈書には『無量寿経宗要指事』と『無量寿経指事私記』の二種が存在するが、後に『遊心安楽道』と仮題された著述はどちらだったのかという点である。

この問題について重要な手掛かりとなるのが、『往生要集』に見られる智憬の註釈書の逸文である。前述のように『往生要集』には著述名が明示されないまま智憬の註釈書が三箇所にわたって引用されている。しかし、それらの中に『遊心安楽道』との同文を確認することはできない。したがって『往生要集』に引用されている智憬の著述と後世に『遊心安楽道』と仮題された智憬の著述とは、全く別個のものであったことが明言されるのである。

もっとも、後に『遊心安楽道』と仮題される著述が『往生要集』に智憬のものとして挙げられていようはずはない。仮に智憬の著述として引用されていたのであれば、目録などを手掛かりとすることによって、それが『無量寿経宗要指事』か『無量寿経指事私記』のいずれかであることは容易に想像がつくはずである。少なくとも本書は著述名、撰述者名すら不詳であったために『遊心安楽道』と仮題される必要性が生じたのである。

ならば以下のように考えることはできないだろうか。結果的に源信は智憬によって撰述された二種の『両巻無量寿経宗要』の註釈書を双方とも閲覧していた。一方は智憬の著述として『往生要集』に引かれた後、そのまま散逸の憂き目に遭う。そして今一方は著述名、撰述者名、ともに不詳であったために『往生要集』に具体的引用文として挙げられることはなかったが、源信の光明真言信仰などにも少なからず影響を与えた著述として重視されていたことから、後に便宜的に『遊心安楽道』と仮題されるに至ったのである。

さらなる推測が許されるならば、その内容の比較から『往生要集』に三箇所見られる逸文が、『両巻無量寿経宗要』の註釈書である『無量寿経宗要指事』からのもの、そして後に『遊心安楽道』と仮題される著述が、さらにその註釈書である『無量寿経指事私記』だったとしてよいだろう。

おわりに

以上、『遊心安楽道』の成立に関して自説を論じた。筆者は東大寺華厳宗僧智憬によって八世紀半ばに撰述された二種の『両巻無量寿経宗要』の註釈書の一方が、著述名、撰述者名すら不詳となってしまったことから、『往生要集』成立時より『安養集』成立時までの期間（九八五～一〇七〇）の叡山で、便宜的に『遊心安楽道』と仮題されたとみている。その根拠を要約すれば以下の通りである。

①智憬の周囲には『遊心安楽道』を構成する十二種の典籍が存在し、智憬は東大寺各宗所蔵典籍目録編纂の中心的役割を担っていた関係から、また出身寺院である興福寺との関係から、稀少典籍でも容易に入手できる立場にあった。

②『遊心安楽道』には元暁仏教学とは無縁のものである『不空羂索神変真言経』の光明真言の土砂加持が取り上げられているが、智憬は審祥から元暁浄土教学の影響を、良弁から不空羂索観音信仰の影響を受けており、この智憬において両思想が融合する歴史上唯一の可能性を見出すことができる。

③智憬には元暁の『両巻無量寿経宗要』を註釈した『無量寿経宗要指事』や『無量寿経指事私記』の著述があり、その註釈姿勢は『浄土論』『釈浄土群疑論』などを参照しながら元暁の見解を批判的に検証するなど、『遊心安楽道』と全く趣を同じくしていたことが窺える。

④智憬によって撰述された二種の『両巻無量寿経宗要』の註釈書と『遊心安楽道』とが並存することはなく、智憬の著述は叡山においても南都においても『遊心安楽道』と入れ替わるかのごとく歴史上からその姿を消している。

⑤なぜか『遊心安楽道』はその出現当初より『往生要集』研究の重要典籍として位置付けられていたが、智憬によって撰述された『両巻無量寿経宗要』の註釈書も三度にわたって『往生要集』に引用されており、その思想は源信教学に少なからず影響を与えていたように考えられる。

筆者のこの推測は、『遊心安楽道』の撰述者問題に関してはじめて具体的個人名を提示して論じたものというだけでなく、これまで発表された新羅僧撰述説、叡山僧撰述説のいずれもが、決して論及し得なかったすべての疑問点をも満足させるものである。

たとえば八世紀初頭から九世紀初頭の新羅僧撰述説を主張される諸氏は、『遊心安楽道』の論旨が新羅浄土教学の論難に基づいて展開されているという点を自説の絶対的根拠とされるものの、『遊心安楽道』に新羅仏教学とは全く無縁のものである光明真言の土砂加持が取り上げられている点、また朝鮮半島においては近年に至るまで『遊心安楽道』の存在した形跡が全く窺えない点については、決して積極的に論述されることがなかった。

逆に十世紀半ば叡山僧撰述説を主張される落合氏は、『遊心安楽道』の伝播状況を自説の有力な根拠とされているが、『遊心安楽道』がすべて八世紀初頭までに成立した典籍によって構成されている点、また八世紀の浄土教学の論難に基づいて論旨が展開されているという点に関しては、何一つとして論じられていない。

しかし、この智憬によって撰述された『両巻無量寿経宗要』の註釈書が、九八五年から一〇七〇年までの叡山において『遊心安楽道』と仮題されたと考えるならば、構成典籍、論述内容、伝播状況の問題など、すべての条件がクリアされることになるのである。

ところで、かつて井上光貞氏は奈良期の浄土教学の系譜として「三論宗系浄土教」と「華厳宗系浄土教」の二種を指摘し、前者は智光の出現によって決定的となったが、後者は智憬の造疏を除いてさほどの発展をみせなかったと論じられた。そしてさらに後者について従来は縁遠かった「法相宗系浄土教」にその影響を与えたとし、流行していた華厳教学に対する学問的関心と、東大寺が文化的、政治的に顕著な地位にあったことをその原因として挙げられた(55)。

しかし筆者はその系譜を「三論宗系浄土教」と「法相宗系浄土教」の二種に見直すべきであると考えている。井上氏も指摘されるように東大寺の浄土教が智憬単発で終焉を迎えたのに対し、興福寺の浄土教はその後も多数の研究者を輩出して次代へ多大なる影響を及ぼしている。これは明らかなる事実である。もっともそれは総国分寺として国家仏教の中核を担う役割にあった東大寺と、藤原氏の氏寺として氏族繁栄を重要課題としていた興福寺との性格上の相違から、必然的に生じ得たものと理解すべきであろう。

そもそも東大寺羂索堂の学徒に求められたのは、律令体制確立に寄与する護国経典としての不空羂索経典の研究であり、その視線は常に国家安穏や五穀豊穣などの現世利益へと注がれていた。当然、浄土教学の発展を促す土壌が育成されようはずもなく、智憬浄土教学は東大寺が本来背負うべき政治的役割には無益であるとして淘汰されるに至る。

これに対して氏族繁栄のために三世（過去、現在、未来）での利益を模索し続けていた興福寺では、さまざまな観点から浄土教が着目され、自ずと東大寺とは全く異なる学風が確立されることとなる。もちろんそれは智憬を本源に据える東大寺系浄土教学を継承したものではなく、言うならば新羅法相教学の方向性を受けたものと考えるべきであろう。太賢、憬興などに代表されるように、新羅法相教学は瑜伽唯識を重視しながらも、宗派や学派の枠組みにとらわれない通仏教の立場を堅持するところに特色があった。それは元暁により提唱された「和諍」と称される融会思想の影響を、新羅仏教界全体が享受していたことに由来するものと言ってよい。

　すなわち念仏往生を別時意趣と位置付ける関係などから相容れぬとされてきた法相教学と浄土教学が、興福寺において違和感なく融合している背景には、また興福寺が新羅華厳教学や東大寺華厳教学に盛んにアプローチを試みているように感じられる背景には、そのような新羅法相教学の複合的性格の影響が介在していたのである(56)。

資料1　『正倉院文書』に見られる『不空羂索神変真言経』関連記事

	年月日	文書名	『大日本古文書』巻・頁
1	天平一〇年（七三八） 自一〇年四月二九日 至一五年五月一七日 天平勝宝四年（七五二）	経巻納櫃帳	七・二〇七

2	（四年一月二五日類収）	可請大乗経本目録	一二・二〇六
3	（四年一月二五日類収）	可請本経目録	一二・二一一
	天平勝宝五年（七五三）		
4	五年二月一一日	種々観世音経幷応用色紙注文	一二・四一三
5	五年二月	有名無実経目録	二五・六〇
6	（五年五月七日類収）	未写経律論集目録	一二・五五二
	天平宝字二年（七五八）		
7	二年八月二〇日	上馬養勘経注文	一三・四八九
8	二年九月二七日	東寺写経所解	四・三二一
9	二年九月二七日	僧綱牒	四・三二一、一四・一七八
10	二年九月二八日	東寺写経所解	四・三二二、一四・一七九
	宝亀二年（七七一）		
11	二年四月四日	丸公成手実	一八・一二五
12	二年四月六日	壬生広主手実	一八・二九〇
13	二年四月一三日	秦太得手実	一八・三一四
14	二年四月一三日	秦太得手実	一八・三七四
15	二年四月一三日	中臣丸公成手実	一八・三七五
16	二年四月一七日	壬生広主手実	一八・三七三
17	二年四月二四日	丸公成手実	一八・三一一
18	二年四月二四日	秦太得手実	一八・三一八
19	二年四月二九日	秦太得手実	一八・二九九

20	二年五月一三日	壬生広主手実	一八・二八〇
21	二年五月二一日	僧興訓校経手実	一八・四〇二
22	二年五月二一日	僧施鳳校経手実	一八・四一六
23	二年五月二一日	法師神基校経論手実	一八・四四〇
24	(年月日闕)	僧長栄校経手実	一八・四二八
25	(年月日闕)	僧聞徳並僧証行校経手実	一八・四三〇
26	(年月日闕)	僧聞徳並僧証行校経手実	一八・四三一
27	(年月日闕)	僧聞徳並僧証行校経手実	一八・四三一
28	二年六月一日	壬生広主手実	一八・二六五
29	二年九月一〇日	僧賢敬手実	一九・四二
	宝亀三年(七七二)		
30	三年三月一一日	若倭部益国手実	一九・三五二
31	三年四月二日	大友路万呂手実	一九・五六九
32	三年四月七日	小長谷嶋主手実	一九・五六〇
33	三年四月一八日	大友路万呂手実	一九・四一〇
34	三年五月一五日	物部道成手実	一九・四六〇
35	三年五月一九日	物部道成手実	一九・三九九
36	三年五月一九日	物部道成手実	二〇・三九
37	三年五月二六日	金月足手実	一九・四五八
38	三年六月七日	物部道成手実	一九・四四九
39	三年六月二八日	若倭部益国手実	一九・四四四

40	三年六月三〇日	金月足手実	二〇・一四
41	三年七月九日	物部道成手実	一九・三八七
42	三年七月九日	若倭部益国手実	二〇・九
43	三年七月一三日	若倭部益国手実	一九・四三七
44	三年七月一四日	金月足手実	一九・四三三
45	三年八月九日	金月足手実	二〇・二〇七
46	三年八月一〇日	金月足手実	一九・三七五
47	三年八月一三日	秦麻呂手実	一九・五二八
48	三年八月一三日	秦麻呂手実	一九・五二八
49	三年八月一四日	常世新吉手実	一九・五三三
50	三年八月一四日	常世新吉手実	一九・五三三
51	三年八月一五日	当麻宅養手実	一九・五二四
52	三年八月一五日	上新継手実	一九・五二六
53	三年八月一五日	財礒足手実	一九・五三四
54	三年八月一七日	若倭部益国手実	一九・三七五
55	三年八月	韓国形見手実	一九・五三一
56	三年九月五日	音太部野上手実	二〇・一五五
57	三年九月六日	葦浦継手手実	二〇・二〇四
58	三年九月一三日	葦浦継手手実	二〇・一四八
59	三年九月一五日	音太部野上手実	二〇・一九八
60	三年九月二九日	葦浦継手手実	二〇・二三二

61	三年九月二九日	音太部野上手実	二〇・二三五
62	三年九月二九日	美努石成手実	二〇・三一五
63	三年一〇月二一日	葦浦継手手実	二〇・一八〇
64	三年一一月一日	葦浦継手手実	一九・三六一
65	三年一一月二日	音田部野上手実	一九・三六三
66	三年一一月一二日	財礒足手実	一九・五一三
67	三年一一月一二日	葦浦継手手実	二〇・二九八
68	三年一一月一四日	美努石成手実	一九・五〇八
69	三年	奉写大乗経律論目録	二一・二七
70	三年	奉写大乗経律論目録	二一・九〇
	宝亀五年（七七四）		
71	五年一月二九日	栗前五百継手実	二二・三七五
72	五年二月二日	栗前五百継手実	二二・二六三
73	五年三月一一日	栗前五百継手実	二二・一〇一
74	五年三月一九日	栗前五百継手実	二二・二四六
75	五年六月二〇日	巧浄成手実	二二・二二七
76	五年七月二二日	巧浄成手実	二二・三八三
77	五年一〇月一七日	奉写一切経目録	二三・一一二
78	五年一〇月一七日	奉写一切経目録	二三・一二〇
79	五年一二月二四日	壬生広主手実	二三・八九
80	（年月日闕）	写経目録	二三・一六七

	宝亀六年（七七五）		
81	六年一月九日	壬生広主手実	二二・五五四
82	六年七月二四日	出雲乎麻呂手実	二二・五二二
83	六年七月二四日	出雲乎麻呂手実	二三・四九四
84	六年七月二八日	出雲乎麻呂手実	二三・三五九
85	六年九月一三日	出雲乎麻呂手実	二三・四七五
86	六年一二月二〇日	大春鳥養手実	二三・五二八
	宝亀七年（七七六）		
87	七年一月二一日	大春鳥養手実	二三・四五一
88	七年二月一七日	三嶋子公手実	二三・五〇六
89	七年二月一七日	三嶋子公手実	二三・六一四
90	七年二月三〇日	三嶋子公手実	二三・五八一
91	七年三月二日	三嶋子公手実	二三・四三九
92	七年五月一五日	桑内真公手実	二三・五九七
93	七年五月二四日	出雲乎麻呂手実	二三・四三一
94	七年五月三〇日	出雲乎麻呂手実	二三・五九〇

資料2 資料1の文書から『不空羂索神変真言経』各巻の書写状況が窺えるもの

	11	12	13	14	15	16	17	18	19	20	23	27	28	29	30	34	35	36	37	38
年	宝亀2年														宝亀3年					
月日	4月4日	4月6日	4月13日	4月13日	4月13日	4月17日	4月24日	4月24日	4月29日	5月13日	5月21日	(年月日闕)	6月1日	9月10日	3月11日	5月15日	5月19日	5月19日	5月26日	6月7日
文書名	丸公成手実	壬生広主手実	秦太得手実	秦太得手実	中臣丸公成手実	壬生広主手実	丸公成手実	秦太得手実	秦太得手実	壬生広主手実	法師神基校経論手実	僧聞徳並僧証行校経手実	壬生広主手実	僧賢敬手実	若倭部益国手実	物部道成手実	物部道成手実	物部道成手実	金月足手実	物部道成手実
第1巻	○				○		○													
第2巻	○				○		○													
第3巻	○				○															
第4巻	○				○															
第5巻					○															
第6巻																				
第7巻					○															
第8巻					○					○										
第9巻					○					○										
第10巻					○															
第11巻			○	○				○			○	○		○						
第12巻			○	○				○			○	○		○						
第13巻			○	○				○			○	○		○	○					
第14巻			○	○				○			○	○		○						
第15巻			○	○				○			○	○		○						
第16巻			○	○				○			○	○		○						
第17巻			○	○				○			○	○		○	○					
第18巻			○	○				○			○	○		○						
第19巻			○	○				○	○		○	○		○						○
第20巻				○				○	○		○	○		○						○
第21巻		○				○							○			○	○	○		
第22巻		○				○							○			○	○	○		
第23巻		○				○							○			○	○	○	○	
第24巻		○				○							○			○	○	○		
第25巻		○				○							○			○	○	○	○	
第26巻		○				○							○			○	○	○		
第27巻		○				○							○			○		○		
第28巻		○				○							○					○		
第29巻						○							○					○		
第30巻																				
『大日本古文書』	一八・一二五	一八・二九〇	一八・三一四	一八・三七四	一八・三七五	一八・三七三	一八・三一一	一八・三一八	一八・二九九	一八・二八〇	一八・四四〇	一八・四三一	一八・二六五	一九・四二	一九・三五二	一九・四六〇	一九・三九九	二〇・三九	一九・四五八	一九・四四九

80	77	74	73	72	68	67	65	63	62	59	58	57	56	54	45	44	43	42	41	40	39
宝亀5年					宝亀3年																
(年月日闕)	10月17日	3月19日	3月11日	2月2日	11月14日	11月12日	11月2日	10月21日	9月29日	9月15日	9月13日	9月6日	9月5日	8月17日	8月9日	7月14日	7月13日	7月9日	7月9日	6月30日	6月28日
写経目録	奉写一切経目録	栗前五百継手実	栗前五百継手実	栗前五百継手実	美努石成手実	華浦継手手実	音田部野上手実	華浦継手手実	美努石成手実	音太部野上手実	華浦継手手実	華浦継手手実	音太部野上手実	若倭部益国手実	金月足手実	金月足手実	若倭部益国手実	若倭部益国手実	物部道成手実	金月足手実	若倭部益国手実
○								○			○			○				○			○
○						○					○			○				○			○
○											○	○		○			○	○			
○											○	○		○			○	○			
○											○	○		○			○	○			
○											○	○		○			○	○			
○											○	○		○			○	○			
○											○	○		○			○	○			
○											○	○		○			○	○			
○	○	○	○		○		○		○	○			○								
○	○		○	○	○		○		○	○			○								
○	○	○	○		○		○		○	○			○								
○	○	○	○		○		○		○	○			○								
○	○	○	○		○		○		○	○			○								
○	○	○	○		○		○		○	○			○								
○	○	○	○		○		○		○	○			○								
○	○	○			○				○				○								
○	○	○	○		○				○				○								
○	○	○			○				○				○								
○																○				○	
○																○				○	
○																○				○	
○																○				○	
○																○			○	○	
○																○			○	○	
○																○			○	○	
○																○				○	
○															○					○	
二三・一六七	二三・一一二	二二・二四六	二二・一〇一	二二・二六三	一九・五〇八	二〇・二九八	一九・三六三	二〇・一八〇	二〇・三一五	二〇・一九八	二〇・一四八	二〇・二〇四	二〇・一五五	一九・三七五	二〇・二〇七	一九・四三三	一九・四三七	二〇・九	一九・三八七	二〇・一四	一九・四四四

	82	83	84	85	86	87	89	91	92	93	94
	宝亀6年					宝亀7年					
	7月24日	7月24日	7月28日	9月13日	12月20日	1月21日	2月17日	3月2日	5月15日	5月24日	5月30日
	出雲乎麻呂手実	出雲乎麻呂手実	出雲乎麻呂手実	出雲乎麻呂手実	大春鳥養手実	大春鳥養手実	三嶋子公手実	三嶋子公手実	桑内真公手実	出雲乎麻呂手実	出雲乎麻呂手実
1	○		○	○							
2	○	○	○								
3	○	○	○								
4	○	○	○								
5	○	○	○								
6				○							
7	○		○	○							
8	○		○	○							
9	○	○	○								
10	○		○	○							
11					○	○					
12					○	○					
13					○	○					
14					○	○					
15					○	○					
16					○	○					
17					○	○				○	○
18					○	○					
19					○	○			○		
20					○					○	○
21							○	○			
22							○	○			
23							○				
24							○				
25							○				
26							○				
27							○				
28							○				
29							○				
30											
	一二・五二一	一三・四九四	一三・三五九	一三・四七五	一三・五二八	一三・四五一	一三・六一四	一三・四三九	一三・五九七	一三・四三一	一三・五九〇

資料3　『正倉院文書』に見られる『新羂索経』関連記事

	年月日	文書名	『大日本古文書』
1	天平宝字二年七月四日	紫微中内相宣	四・二七四
2	二年七月五日	千手千眼並新羂索薬師経経師等筆墨直充帳	一三・三五七
3	二年七月五日	千手千眼並新羂索薬師経用度帳	一三・三六二
4	二年七月五日	東大寺写経所解	一三・三六二
5	(二年七月五日類収)	東大寺写経所解	一三・三六三
6	二年七月五日	千手千眼並新羂索薬師経科銭衣紙等下充帳	一三・三六三
7	二年七月六日	造東大寺司解案	一三・三七三

8	（二年七月六日類収）	造東大寺司解	一三・三八〇
9	二年七月六日	経師装潢校正等浄衣請来検納帳	四・二七八
10	二年七月七日	写経所自市買来雑物等納帳	一三・三八六
11	二年七月七日	千手千眼並新羂索薬師経書上帳	一三・三八六
12	二年七月八日	千手千眼並新羂索薬師経等充本帳	一三・四一五
13	二年七月八日	千手千眼並新羂索薬師経装潢充書造経帳	一三・四一九
14	二年七月八日	千手千眼並新羂索薬師経装潢紙上帳	一三・四二二
15	二年七月八日	千手千眼並新羂索薬師経校帳	一三・四二六
16	二年七月九日	千手千眼並新羂索薬師経料食料雑物納帳	一三・四三〇
17	二年七月九日	充千手千眼並新羂索薬師経紙帳	一三・四三五
18	（二年七月一七日類収）	千手千眼並新羂索薬師経科（?）雑物下充帳	一三・四六九
19	二年七月一七日	千手千眼並新羂索薬師経科（?）雑物下充帳	一三・四七三
20	二年九月五日	東寺写経所解	四・三〇一
21	二年九月五日	造東寺司解案	一四・二八
22	（二年九月五日類収）	造東大寺司解案	一四・四六
23	二年九月二二日	写経食料雑物納帳	四・三三七
24	二年九月	造東寺司写経目録案	一四・一八三
25	二年一一月七	大般若経並先後経料銭用帳	一四・二三七
26	二年一一月一四日	東寺写経所解案	一四・二五〇
27	（二年一一月一四日類収）	東大寺写経所解案	一四・二五二
28	（二年一一月一四日類収）	請嶋院等本経目録	一四・二五三

29	二年一一月一五日	造東寺司写経目録案	一四・二五八

註

（1）「遊心」の語は決して特異なものではなく、たとえば智顗述（灌頂記）『妙法蓮華経玄義』（『大正新脩大蔵経』三三巻、六九六頁a）や法蔵撰『華厳遊心法界記』（『大正新脩大蔵経』四五巻、六四一頁c）などにも、心を法界に遊ばせる意味の「遊心法界」の語を確認することができる。たしかにこの冒頭の一文以降、「遊心安楽」の語が再び『遊心安楽道』の本文に記されることはなく、また何らこの語に関する説明がなされるわけでもない。しかしこの冒頭の一文によって『遊心安楽道』や『遊心安楽集』と仮題されていたという事実は、少なくともこの著述の撰述方針を明示する重要な語句として、「遊心安楽」の語が認識されていたことを物語るものと考えてよいだろう。

（2）『華厳宗章疏並因明録』には「記信論同異章一巻　興福寺智憬造」（『大正新脩大蔵経』五五巻、一一三四頁b）と記され、また『往生要集義記』（『浄土宗全書』一五巻、一三六頁上）も『華厳宗章疏並因明録』を引いて智憬を興福寺僧と位置付けている。一方、天平勝宝三年（七五一）四月十八日「写私雑書帳」は『大日本古文書』一一巻、四七四頁に、天平勝宝四年（七五二）閏三月一日「間写経本納返帳」は『大日本古文書』九巻、六〇七頁に記されている。ちなみに竹内理三・山田英雄・平野邦雄編『日本古代人名辞典』（吉川弘文館、一九八五年）四巻、一一〇六頁には、この興福寺智憬と東大寺智憬が全く別人として扱われているが、その具体的根拠までは挙げられていない。

（3）井上光貞『新訂日本浄土教成立史の研究』（山川出版社、一九五六年）五六頁。ちなみに『正倉院文書』における羂索堂の初見は、天平勝宝元年（七四九）九月二十日の書簡（『大日本古文書』一〇巻、六二八頁、および一一巻、一二七頁）である。

（4）『大日本古文書』一三巻、三六頁。

（5）石田茂作『写経より見たる奈良朝仏教の研究』（東洋文庫、一九三〇年）六七頁。

(6)『大正新脩大蔵経』五五巻、一一五〇頁c。

(7)『華厳宗章疏並因明録』と『往生要集義記』はともに註(2)。また『五教章通路記』には「智環《ママ》大徳云二五教起一。香象作二華厳疏二十巻。密厳疏三巻一。故知彼疏未レ勘二二違諸文一。後可二勘合一耳。已上」(『大正新脩大蔵経』七二巻、四六一頁c)の引用文が確認される。

(8)『東大寺華厳別供縁起』(筒井英俊『東大寺要録』、国書刊行会、一九四四年)一五六頁。また『三国仏法伝通縁起』(『大日本仏教全書』一〇一巻、一一八頁下)に関連記事。年代は『東大寺華厳別供縁起』の記述から、一年間に二十巻を講じたとされる福山敏男「東大寺法華堂に関する諸問題」(『東洋美術』二三巻、飛鳥園、一九三六年)四三頁の説に従った。

(9)『大日本仏教全書』一〇一巻、一一六頁上。

(10)福山敏男『日本建築史研究』続編(墨水書房、一九七一年)八七頁、註(7)。

(11)堀池春峰「華厳経講説よりみた良弁と審祥」(『南都仏教史の研究』上、東大寺篇、法藏館、一九八〇年)四二三頁。

(12)智憬文書の初見は『大日本古文書』七巻、四九四頁である。また『三国仏法伝通縁起』の一文は『大日本仏教全書』一〇一巻、一二〇頁下にみられる。

(13)堀池註(11)前掲書、三九六頁。『東大寺華厳別供縁起』の一文は註(2)に挙げられる。

(14)それぞれは『両巻無量寿経宗要』(『大日本古文書』一三巻、三五頁)、『金剛三昧経論』(『大日本古文書』二四巻、五一三頁)、『法華略述』(『大日本古文書』一二巻、三八七頁)、『梁摂論疏抄』(『大日本古文書』三巻、六一八頁)、『無量義経疏』(『大日本古文書』二四巻、五一三頁)、『梵網経菩薩戒本疏』(『大日本古文書』九巻、六〇五頁)、『無量寿経疏』(『大日本古文書』一二巻、三八七頁)、『梵網経古迹記』(『大日本古文書』二四巻、五一六頁)に確認される。また智憬所蔵典籍は井上註(3)前掲書、五九頁に詳しい。

(15)名畑崇「奈良時代密教受容の側面」(仏教史学会三〇周年記念論集『仏教の歴史と文化』、同朋舎、一九八〇年)四六〇頁。

(16)五来重『日本人の仏教史』(角川書店、一九八九年)五二頁。

(17)『大日本古文書』二四巻、一七七頁。

(18)『大正新脩大蔵経』八四巻、四六頁b。

(19)『大正新脩大蔵経』八四巻、七九頁b。

(20)『大正新脩大蔵経』八四巻、八四頁b。

(21)『大正新脩大蔵経』四七巻、九一頁c。

(22) 智光の『無量寿経論釈』は一度散逸の憂き目をみたが、戸松憲千代「智光の浄土教思想に就いて」(『大谷学報』一八巻、一九三七年。および一九巻、一九三八年)、また恵谷隆戒「智光の無量寿経論釈の復元について」(『佛教大学研究紀要』三四号、一九五八年)、恵谷隆戒『浄土教の新研究』(山喜房佛書林、一九七六年)などによってそのほぼ三分の二が復元されている。その内容は世親撰『無量寿経優婆提舎願生偈』を曇鸞撰『無量寿経優婆提舎願生偈註』により註釈したものであるが、迦才撰『浄土論』からの影響については両氏をはじめとして数多くの研究者が指摘されている。

(23)『大正新脩大蔵経』四七巻、七一頁c。

(24)『大正新脩大蔵経』一二巻、二七八頁a。

(25)『大正新脩大蔵経』八四巻、七九頁c。ただしこの説は善導(六一三〜六八一)の『観無量寿経疏』の見解(『大正新脩大蔵経』三七巻、二七〇頁c)を要約したものである。

(26)『大正新脩大蔵経』三七巻、一三一頁b。

(27)『無量寿経』の第十八願には「設我得仏。十方衆生。至心信楽。欲レ生二我国一。乃至十念。若不レ生者。不レ取二正覚一。唯除二五逆一。誹二謗正法一」(『大正新脩大蔵経』一二巻、二六八頁a)とあり、一方、『観無量寿経』の下品下生には「下品下生者。或有二衆生一。作二不善業五逆十悪一。具二諸不善一。如レ此愚人。以二悪業一故。応レ堕二悪道一。経二歴多劫一。受レ苦無上レ窮。如レ此愚人。臨二命終時一。遇下善知識種々安慰為説二妙法一教令中念仏上。彼人苦逼不レ遑二念仏一。善友告言。汝若不レ能レ念二彼仏一者。応レ称二帰命無量寿仏一。如レ是至心令二声不レ絶。具二足十念一。称二南無阿弥陀仏一。称二仏名一故。於二念々中一。除二八十億劫生死之罪一。命終之時見下金蓮花猶如二日輪一住中其人前上。如二一念頃一即得三往二生極楽世界一」(『大正新脩大蔵経』一二巻、三四六頁a)と記されている。

（28）『大正新脩大蔵経』八四巻、八四頁c。

（29）『両巻無量寿経宗要』の見解は『大正新脩大蔵経』三七巻、一二九頁bにみられる。これに対して智憬は曇鸞の『無量寿経優婆提舎願生偈註』に示される見解「一経以レ具二二種重罪一。一者五逆。二者誹二謗正法一。以二此二種罪一故。所以不レ得二往生一。一経但言レ作二十悪五逆等罪一。不レ言三誹二謗正法一。以不レ謗二正法一故。是故得レ生」（『大正新脩大蔵経』四〇巻、八三四頁a）を支持していたことが窺える。

（30）智憬の各典籍所持は『華厳経』（『大日本古文書』一二巻、三八六頁）、『両巻無量寿経宗要』（『大日本古文書』一三巻、三五頁）、『浄土論』（註18）、『釈浄土群疑論』（『大日本古文書』一二巻、三八七頁）などに、審祥の各典籍所持は『無量寿経優婆提舎願生偈』（『大日本古文書』一七巻、一一九頁）、『華厳経内章門等雑孔目章』（『大日本古文書』一七巻、一三五頁）などに窺える。また各経典は『無量寿経』（『大日本古文書』四巻、三九頁）、『観無量寿経』（『大日本古文書』二巻、三五五頁）、『阿弥陀経』（『大日本古文書』一巻、三八三頁）、『大宝積経』（『大日本古文書』四巻、三七頁）などにその存在が確認される。

（31）落合俊典「『遊心安楽道』の著者」（『華頂大学研究紀要』二五号、一九八〇年）二〇四頁。

（32）高野山三宝院所蔵『不空羂索神変真言経』一六巻は『原色版国宝』（毎日新聞社、一九六八年）二巻、一二五頁、『日本の写経』（京都書院、一九八七年）などに窺える。また個人蔵『不空羂索神変真言経』一巻は田中塊堂『日本古写経現存目録』（思文閣出版、一九七三年）に挙げられている。

（33）「種々観世音経幷応用色紙注文」（『大日本古文書』一二巻、四一三頁）。「有名無実経目録」（『大日本古文書』二五巻、六〇頁）。「未写経律論集目録」（『大日本古文書』一二巻、五五二頁）。

（34）『大日本古文書』一三巻、一六七頁。

（35）『大正新脩大蔵経』五五巻、一〇六三頁a。また一〇六三頁b。

（36）『霊巌寺和尚請来法門道具等目録』に「不空羂索神変真言経第六第三十両巻」（『大正新脩大蔵経』五五巻、一〇七二頁b）とある。

（37）空海は光明真言に関する著述『光明真言秘式』を撰述したとされているが、今日では偽撰であると考えられて

いる。櫛田良洪『真言密教成立過程の研究』（山喜房佛書林、一九五六年）一五三頁。

(38)　たとえば『大日本古文書』一三巻、四一五頁には次のように挙げられている。

天平宝字二年七月八日充本帳

千手千眼経一千巻

薬師経二百廿巻

新羂索経十部二百八十巻

右。依二紫微少疏池原君粟守今月四宣一。奉レ写如レ件。

(39)　『国史大系』四巻、四八八頁。櫛田良洪氏の指摘による。櫛田註(37)前掲書、一五四頁。

(40)　速水侑『平安貴族社会と仏教』（吉川弘文館、一九八三年）一六八頁。なお『石清水八幡宮護国寺略記』は『大日本古文書』石清水文書五巻、一一四頁に、貞観十八年八月十三日の条は『国史大系』四巻、三六〇頁に、また『日本三代実録』貞観十七年三月二十八日の条は『国史大系』四巻、三八〇頁に挙げられる。

(41)　二十五三昧会は二十五人の同志を結集して毎月十五日の夜に不断念仏を勤修し、ともに極楽へ赴くことを目的とするものであり、源信撰『横川首楞厳院二十五三昧式』には「一。可下以二光明真言一加二持土砂一置中亡者骸上事」（『大正新脩大蔵経』八四巻、八七六頁c）と、慶滋保胤撰『横川首楞厳院二十五三昧起請』には「一。可下念仏結願次誦二光明真言一加中持土砂上事」（『大正新脩大蔵経』八四巻、八七八頁c）と記されている。もっとも後者には「寛和二年九月十五日。慶保胤草云々」との記述があることから、たとえば「二十五三昧起請。慧《ママ》心作保胤筆」と述べる良忠のごとく、実際は慶滋保胤が源信起草のものを筆写したにすぎないとみる向きもある。

(42)　『大正新脩大蔵経』七二巻、九四頁a。

(43)　速水註(40)前掲書、一七八頁。

(44)　『大日本仏教全書』一一九巻、三二一頁上。

(45)　『大正新脩大蔵経』二〇巻、四〇三頁b。

(46)　『大正新脩大蔵経』四七巻、一一九頁c。来迎院本第三十紙。

(47)　『浄土宗全書』続七巻、一五三頁下。

(48) 名畑応順『迦才浄土論の研究』(法藏館、一九五五年)論攷篇、一八三頁。
(49) 落合註(31)前掲論文、二〇八頁。
(50)『大正新脩大蔵経』四七巻、一一九頁b。来迎院本第二十九紙。
(51)『光明真言土砂勧信別記』(『真言宗安心全書』下巻、六三頁)。
(52) 章輝玉「『遊心安楽道』考」(『南都仏教』五五号、一九八五年)四二頁。
(53)『大日本古文書』一三巻、三五頁。
(54) 井上註(3)前掲書、七二頁。
(55) 井上註(3)前掲書、八〇頁。
(56) たとえば元暁にも『解深密経疏』『成唯識論宗要』などの著述があり、新羅では厳密なる学派の枠組みは希薄であったと推察される。また天平勝宝七年(七五五)九月二十日の『写経所経疏奉請帳』には、法相宗の善珠が智儼の『華厳方軌』や義湘(六二五~七〇二)の『華厳一乗法界図』などの著述に興味を示していたことが窺える(『大日本古文書』一三巻、一五三頁)。

第三章　『遊心安楽道』来迎院所蔵本の再検証と問題点

はじめに

寛延二年（一七四九）に『遊心安楽道私記』を撰述した浄土宗僧義海（?〜一七五五）は、その序に「唯其書。文字訛脱甚多。殆乎レ不レ可二通暁一。而未レ獲二善本一」と嘆いている(1)。十八世紀当時、『遊心安楽道』は誤字脱字などの混入によって善本が存在せず、その研究は困難を極めていた。この義海の悲嘆が決して誇張でないことは、当時広く利用されていた明暦四年（一六五八）西村九郎右衛門刊本によって立証することが可能となる。

たとえばこの明暦四年刊本には次のような記述が存在する。

中輩之説有二四句一。一者雖レ不レ能レ作二沙門一。当レ発二無上菩提心一故。是明二正因一。二者願レ生二彼国一。前行此願。和合為レ因也(2)。

これは『両巻無量寿経宗要』の次の一文を転載したものであるが、原文との比較によって単純に二句と三句の欠落であったことが明らかとなる。

中輩之中説有二四句一。一者雖レ不レ能レ作二沙門一。当レ発二無上菩提之心一故。是明二正因一。二者専念二彼

仏一。三者多少修レ善。此観及行是為二助満業一。四者願レ生二彼国一。前行此願。和合為レ因也。(3)

もっともそれは十八世紀半ばにかぎったことではない。義海と同じ浄土宗僧を例にとっても道忠（？～一二八一）の『釈浄土群疑論探要記』、道光（一二四三～一三三〇）の『新扶選択報恩集』、聖冏（一三四一～一四二〇）の『決疑鈔直牒』など、いつの時代にも『遊心安楽道』と『両巻無量寿経宗要』の両著に存在する同文を引用する場合、なぜか主著とされていた『遊心安楽道』からの引用を徹底的に回避している事例が存在するのである。(4) おそらく『遊心安楽道』はきわめて早い時期から通読の不可能な状態にあったため、極力その引用が敬遠されたのではないだろうか。

　ならば義海はいかなる方法によって『遊心安楽道』の研究を行なったのであろう。この点に関して『遊心安楽道私記』には「閲二宗要一。以梢善二於此一。乃就而校レ之。或推二其義一而正レ之。遂乃略科二釈其文義一。私為二之記一。以便二蒙学一」と続けられている。(5) すなわち義海は『両巻無量寿経宗要』をはじめとする構成典籍との対校や文義を推察することによって、その通読を可能としていたのである。

　たしかにこの方法は全文の九割以上が他の典籍からの転載により構成される『遊心安楽道』には、きわめて有効な手段であるように思われる。事実、落合俊典氏の調査によれば、明暦四年刊本を再刻した丁子屋九郎右衛門刊本には二百五十三箇所の傍註が、また同じく再刻本である南京金陵刻本にはちょうど百箇所に及ぶ校訂の存在が報告されており、いずれも義海と同様の方法によって、底本である明暦四年刊本より読みやすい善本となっていることが窺える。(6)

　しかしその一方で、この方法には自ずと限界があり、新たなる弊害を生じさせる危険性を孕んでいたのも事実である。前述のごとく『遊心安楽道』は他の典籍から転載を行なうに際して、字句の加減や自説の挿入による論旨の補足や改変を多数行なっている。そのような箇所において原文との対校は何ら意味を持たなくなり、文義の推察も新たなる論旨の改変を混入させる要因となる。つまるところ、この方法は好むと好まざるとにかかわらず、幾多の『遊心安楽道』の形態の乱造を招いていたのである。

こうした中、昭和二年（一九二七）の東京帝国大学史料編纂所の調査によって、洛北大原の古刹来迎院の経蔵「如来蔵」から融通念仏で知られる良忍（一〇七三～一一三二。一説に一〇七二生）の手択と伝えられる『遊心安楽道』の古写本が発見されるに至る。これはそれまで最古のものとされていた明暦四年刊本より五百年以上も前に書写された第一級資料であり、『遊心安楽道』が叡山に出現した当初の形態を色濃く伝える待望の善本であると考えられた。

しからばこの来迎院所蔵本の存在によって、『遊心安楽道』研究は飛躍的に進展していったのであろうか。答えは明らかに否である。それは『遊心安楽道』来迎院所蔵本が今日においてもいまだ非公開となっていることに加え、その調査を行なった各機関の報告が決して一様でなかったことに由来するものと言ってよい。

筆者はこれらの点に鑑みて、過去に延べ三週間に及ぶ『遊心安楽道』来迎院所蔵本の独自調査を行なった。本章では筆者の独自調査によって明らかとなったいくつかの事実を提示しながら、『遊心安楽道』の原初形態を解明し、本写本の存在を筆者が主張する『遊心安楽道』智憬註釈書（九八五～一〇七〇）叡山仮題説の一根拠に組み入れたいと考えている。

来迎院所蔵良忍自筆手択類の再検証

来迎院は円仁（七九四～八六四）の草創とも良忍の草創とも伝えられる天台宗の古刹である。この来迎院には「如来蔵」という経蔵が存在し、『元亨釈書』（一三二二）には良忍により創建されたものであることが明示されている。

天仁二年来迎院成。忍於二此地一唱二顕密一。又闢二声明梵唱一。天承二年二月一日亡。年六十一。忍建二一宇一庋二大蔵経律論一。名曰二如来蔵一。所持弥陀経時々放レ光。其徒收レ之置二蔵中一。(7)

これまでこの如来蔵に所蔵される聖教文書類の調査は、昭和二年（一九二七）の東京帝国大学、昭和二十六年（一九五一）の龍谷大学、昭和四十七年（一九七二）の文化庁の三機関によって行なわれ、その結果は以下の形で報告された。

・東京帝国大学――『昭和二年、京都府史料蒐集目録二百八、来迎院如来蔵重書目録』（一九二七年、東京帝国大学）
・龍谷大学――横田兼章「良忍と融通念仏」（佐藤哲英『叡山浄土教の研究』、一九七九年、百華苑）、横田兼章「大原如来蔵における良忍上人関係資料」（融通念仏宗教学研究所編『良忍上人の研究』、一九八一年、百華苑）
・文化庁――『来迎院如来蔵聖教文書類目録』（一九七二年、文化庁文化財保護部美術工芸課）

また昭和五十一年（一九七六）から十一年間の長期にわたって全五百四十七種に及ぶ聖教文書類の

修復を行なった㈱墨中堂・京都国立博物館文化財保存修理所が、その経過を以下の報告書にまとめており、以上によってその概要を窺い知ることは可能となる。

・㈱墨中堂―『美の修復――京都国立博物館文化財保存修理所創設十周年記念報告書――』（一九九〇年、修理者協議会）

如来蔵より発見された聖教文書類は、檜製の櫃（被蓋造り、本指、蓋甲盛、縦四十三・三、横三十一・五、高さ二十七・五センチ）三合に分配納入されており、それら三合の蓋上、側面にはそれぞれ「法」「報」「応」の文字が、また「法」櫃の底裏には「文政二己卯歳十一月」の文字がみられる。さらに「法」櫃には今一つ櫃が収納され、その蓋の表側には以下のように、

来迎院
霊宝古筆入目録

安楽土義　開山良忍上人筆　壱巻
実相観門　同　同
讃阿弥陀仏偈　同　同
仏種集　同　同
金錍論　同　壱帖
三観義　同　壱冊
玄義指事　同　三冊
止観指事　同　弐冊
宝幢論　同　壱冊
下題不レ知奥書有レ之　同　三冊

衣内宝珠集　持乗房了賀良忍之舎兄　壱冊　東塔東谷
注釈抄　同　弐冊
四相違指事　同　壱冊
蘊悉地経疏　第二長老本覚房縁忍　八冊
伝教大師度牒戒牒　壱巻

裏側には以下のように墨書されている。

今歳享保十六辛亥二月一日。元祖光静房良忍上人六百聖忌勤修レ之。而追二慕在世一。雖レ歎二今陵夷一。声明雅音。融通之念術。残二此寺一。聊又拝二見上人幼年之古筆発願文一。信心銘レ肝。無レ不二歎息一。仰尋二本地一。聖徳太子後身。如意輪観世音菩薩之。応レ作二本師阿弥陀仏之名号一。音作仏事道勧進。不レ能レ無二其所以一。後人顧二其本紹隆之地一。

善逝院咸開識レ之

以上を総合するに、もともと享保十六年（一七三一）の良忍六百回忌に際して、咸開が来迎院の所持する最重要典籍類十七部を一つの櫃に納めたのであるが、さらにそれから八十八年後の文政二年（一八一九）に三合の櫃を新調し、あらためて来迎院に所蔵されるすべての聖教文書類を分配収納したことが窺える。(8) 各聖教文書類の櫃所属は数々の披見者によって入れ替えられている可能性もあるが、現状より判断するに、基本的に「法」櫃には良忍自筆手択類を含む最重要典籍を、「報」櫃には聖教類を、「応」櫃には文書類を中心に納めたのであろう。

またそれら聖教文書類の総数については、東京帝国大学が三百九十三種を、文化庁が五百四十種を、

㈱墨中堂が次の五百四十七種を報告している。

・「法」櫃―八〇種、四、五七六紙
・良忍自筆手択類―一五部、九一一紙
・聖教類―六二部、三、六六二紙
・文書類―三通、三紙

・「報」櫃―二六二種、三、三八九紙
・聖教類―二五七部、三、三八三紙
・文書類―五通、六紙

・「応」櫃―二〇五種、一、三七七紙
（追加指定）四部、三一紙
・聖教類―八九部、一、一三三紙
・文書類―一一二通、二一三紙

さらに㈱墨中堂はそれに合わせて時代別分類も発表しており、これによって聖教文書類の蒐集作業が明治期まで継続されていたことが明らかとなる[9]。

・平安期―二一五種　・鎌倉期―六四種　・室町期―一二七種
・安土桃山期―一八種　・江戸期―一一二種　・明治期―一種

ただしこれらの報告には、「法」櫃に納められていた『伝教大師度縁案並僧綱牒』一巻が含まれていない。『伝教大師度縁案並僧綱牒』一巻は最澄（七六七～八二二）が授与された宝亀十一年（七八〇）の「国府牒」、延暦二年（七八三）の「度牒」、延暦四年（七八五）の「戒牒」を一括したものであり、早くから国宝の指定を受けて東京国立博物館の保管となっていた[10]。したがってこの奈良期の一種を加えれば、総数は全五百四十八種ということになるだろう。

さて文化庁は、これらの聖教文書類の中から次の十五種を良忍自筆手択類として報告している(11)。

①『仏種集』上巻、康和五年（一一〇三）、良忍自筆（三十一歳）。

巻首を欠いているものの、尾題に「仏種集上巻」、奥書に「康和五年八月十日未刻。於二睿山檀那院実報房一書写功了。同刻移点了。比交了。比丘良忍」と記される。

②『摩訶止観』第一、寛治七年（一〇九三）、良忍自筆（二十一歳）。

外題に「摩訶止観第一　維摩疏指事」、奥書なし。表紙右下に「寛治七年二月卅日儲レ之」、左下に「良仁《ママ》之」の自筆がある。良忍は二十代半ばまで「良仁」の字を当てていた。

③『金錍論』一巻、嘉承二年（一一〇七）、良忍自筆（三十五歳）。

首題に「金剛錍」、尾題に「金錍論一巻」、奥書に「嘉承二年四月廿三日始レ之。五月一日写レ之了。良忍。□《（欠字）》遇者。深生二慶幸心一。冀欲二来世重聞一。早契二無生忍一」、貼紙に「此金錍論良忍上人御自筆延暦寺点也。余白此有如何所レ聞僅凡六紙闕失。但以二異本一偏レ之。後賢宣正レ之幷奉レ加二修覆一者也」と記される。また包紙に「荊溪大師撰　金剛錍論　良忍上人筆」の記述がある。

④『三観義』、保安二年（一一二一）、良忍自筆（四十九歳）。

首題に「三観義」、奥書に「保安二年二月廿九日写校了」の良忍自筆、さらに包紙に「都率覚超僧都撰　三観義私記抄全一巻　良忍上人筆　魚山如来蔵」と記される。

⑤『玄義指事』第四、良忍自筆。

外題に「玄義指事　第四巻」、首題に「玄義第四」。奥書もなく執筆年次も不明だが、表紙の外題下と裏表紙左下に良忍の花押が見られる。

⑥『高建宝幢論問答』第十、良忍自筆。
外題に「高建宝幢論問答　第十巻」、首題に「□□□□□□□□（破損）巻」、表紙左下に「良□（破損）」の署名、奥書に「□□□（破損）二月廿二日午時書写了。同日未時一交了」と記述される。
⑦『止観指事』、良忍自筆。
外題に「止観指事　第一ニ処レ由」、首題に「止観四巻文集」。奥書はなく、見返しに「□□□（欠字）二冂経梵漢名。□（欠字）保元年二月廿九日写レ之」とある。
※⑤⑥⑦は一包とし、「止観指事　良忍上人筆　玄義指事　同筆　宝幢論問答　同筆」と表書される。
⑧「題名未詳」、寛治六年（一〇九二）、良忍自筆（二十歳）。
外題、内題なし。第二丁冒頭に「第一玄義指事」、末尾に「記幷甫正記如二彼要文一」、奥書に「寛治六年。自五月十日辰時始。九月二日巳時書写了。執筆僧良仁《ママ》。生年二十」と記される。
⑨「題名未詳」、寛治六年（一〇九二）、良忍自筆（二十歳）。
外題、内題なし。「寛治六年正月十六日申時始。二月二日巳時書写了。執筆僧良仁《ママ》。生年廿」の奥書あり。
⑩「題名未詳」、寛治四年（一〇九〇）、良忍自筆（十八歳）。
外題、内題なし。「寛治四年六月八日午時許書写了。執筆僧良仁《ママ》。生年十八歳」の奥書あり。
⑪「題名未詳」、良忍自筆。
巻首大破のため題名未詳。奥書等なし。

※⑧⑨⑩⑪は一包とし、「無外題書　四帖　良忍上人筆」と表書される。

⑫「題名未詳」、寛治六年（一〇九二）、良忍自筆（二十歳）。
巻首大破のため題名未詳。四帖から成り、各帖首に目録を記す。「寛治六年六月十四日檀那院実報房書写了。執筆僧良仁《ママ》。生年二十歳」の奥書あり。

⑬「題名未詳」、良忍自筆。
外題、内題、奥書等なし。本文冒頭に「□《破損》識身相応地第一」とある。

⑭『讃阿弥陀仏偈』、康和元年（一〇九九）、薬源執筆、良忍手択。
外題に「讃阿弥陀仏偈　良忍之」の良忍自筆。首題に「□□《破損》弥陀仏偈幷論　羅什法師作[12]」、奥書に「康和元年十二月一日申時於二大原報身房一書写功畢。同二日移点了。執筆僧薬源」、包紙に「讃阿弥陀仏偈　羅什　良忍上人之本」と記される。

⑮『遊心安楽道』、良忍手択、執筆者不明。
外題に「遊心安楽道」、内題に「遊心安楽道一巻」。奥書等はなく、「一校了」とのみ記されている。包紙に「遊心安楽道　新羅國元暁撰　良忍上人之本」と記される。

ところが、この自筆類十三種、手択類二種の文化庁の発表に対して、龍谷大学の調査に参加された横田兼章氏は、自筆類十二種、手択類三種という内訳を報告をされている。文化庁が⑬を良忍自筆「題名未詳」とされているのに対し、横田氏は良忍手択（薬源執筆）『略論安楽浄土義』を当てておられるのである[13]。

もっとも、この良忍手択『略論安楽浄土義』の現存は筆者が確認しており、東京帝国大学が横田氏と同様の報告をされていることに加え、個人的に披見された井上光貞氏もその著『新訂日本浄土教成立史の研究』に表紙と奥書の写真を掲載されている。[14]したがって⑬には明らかに次の一種を挙げるべきであろう。

⑬『略論安楽浄土義』、康和二年（一一〇〇）、薬源執筆、良忍手択。

外題に「安楽土義　良忍之」の自筆、奥書に「康和二年二月四日未時許書写了。同月六日巳時許。於二大原草庵一移点了。桑門薬源」とある。

また⑦『止観指事』の見返し「□（欠字）保元年二月廿九日写レ之」に関しては、以下の理由から安易に特定すべきではないと考えている。まず単純に「□（欠字）保元年」を良忍の生存年に照らし合わせると、以下の三案が考えられる。

・承保元年（一〇七四）、良忍二歳
・永保元年（一〇八一）、良忍九歳
・嘉保元年（一〇九四）、良忍二十二歳

さらにそれらの中から「二月廿九日」の存在するものを確認すると、唯一、永保元年が該当する。永保元年が二月十日の改元であるのに対し、承保元年は八月二十三日、嘉保元年は十二月十五日の改元であるため、「二月廿九日」自体が存在しないのである。おそらく咸開が享保十六年（一七三一）製作の旧櫃に「聊又拝二見上人幼年之古筆発願文一」と記しているのも、[15]この⑦『止観指事』を永保元年、良忍が九歳の時に書写したものと考えたことに由来しているのではないだろうか。江戸期、「幼年」の語義は今日のそれとは異なり、一般に十五歳未満を指していた。

しかしながら筆者はこの点に関して少なからず疑問を抱いている。そもそも良忍が得度したのは応徳元年（一〇八四）、十二歳の時である。すなわち「□《（欠字）》保元年二月廿九日」の記述を「永保元年二月廿九日」と受け止めるならば、良忍は尾州知多郡富田荘の住人であった在家時分、それもわずか九歳にして『摩訶止観』の註釈書をいずこからか入手し、天台教学を独自に研究していたことになる。ましてや「□《（欠字）》保元年」の箇所は腐蝕や虫蝕などによって欠損しているのではなく、何らかの事情によって一字空けられているのである。ならばなぜ「永」の字を欠字にする必要があったのだろうか。さらに問題視していく必要があるだろう。

ところで、この良忍自筆手択類十五種には「題名未詳」とされる写本が五種含まれている。⑧⑨⑩⑪⑫がそれである。しからばこれらの内容はいかなるものだったのであろうか。ここにおいて検証してみたいと思う。

まず⑧の「題名未詳」に関しては横田氏が『玄義指事』第一であるとされている。[16]『玄義指事』は智顗（五三八～五九七）の『妙法蓮華経玄義』を註釈したものと推察されるが、早くに散逸したためにどのような内容のものであったのか明瞭ではない。おそらく横田氏は本文冒頭に「第一玄義指事」の文字が確認されることから、そのように断じられたのであろうが、本写本をよくよく調査してみると、諸経論疏から要文を抄出列挙することによって構成される著述であったことが窺える。冒頭に『玄義指事』が引かれた後も、さまざまな典籍からの要文が延々と提示されているのである。

そもそも叡山では十一世紀後半から浄土教学研究の参考資料集を目的とした著述が数多く編纂された。『遊心安楽道』が引かれる『安養集』『安養抄』『浄土厳飾抄』などは、その代表例と言ってよいだろう。そのような見地から再び⑧の写本を検証すると、末尾に「記幷甫正記如㆓彼要文㆒」という一文をみることができる。(17) すなわちこの⑧の写本も明らかに参考資料集としての性格を有するものであり、『玄義指事』はあくまでも構成典籍の一つにすぎなかったのである。

また⑨⑩⑪⑫についても、⑧と同様に諸経論疏の要文を列挙する性格の著述であったことが窺える。ならばこれら五種の題名は本当に未詳なのであろうか。さらに追究していくと巻首破損のために明言することのできない⑪と⑫はさておき、⑧⑨⑩の三種にはもともと外題や内題が記されていなかったことが判明する。参考資料集としての性格上、当初から題名などは付けられていなかったのである。したがってあくまでも慎重を期して⑪と⑫は「題名未詳」としてよいだろうが、⑧⑨⑩の三種に関しては「無題」とすべきが妥当であろう。

以上、今一度、来迎院に所蔵される良忍自筆手択類を整理してみたいと思う。奥書等のない良忍自筆類に関しては、筆跡鑑定によって認定することも可能であろうが、奥書もなければ執筆者も明らかでない⑮『遊心安楽道』には、何一つ良忍手択とする明瞭な根拠がない。たしかに江戸期に付されたとみられる包紙には「良忍上人之本」の記述があるが、はたして当時、このように記述する明瞭な根拠が存在したのかは疑問である。

もっとも翻って良忍手択類であることを否定する決定的な根拠もないことから、ここでは包紙の表書に従うことによって良忍自筆類十二種、手択類三種の計十五種を提示しておきたいと思う。

①『仏種集』上巻、康和五年（一一〇三）、良忍自筆（三十一歳）

②『摩訶止観』第一、寛治七年（一〇九三）、良忍自筆（二十一歳）

③『金錍論』、嘉承二年（一一〇七）、良忍自筆（三十五歳）
④『三観義私記抄』、保安二年（一一二一）、良忍自筆（四十九歳）
⑤『玄義指事』第四、良忍自筆
⑥『高建宝幢論問答』第十、良忍自筆
⑦『止観指事』、嘉保元年（一〇九四）、良忍自筆（二十二歳）
⑧「無題」、寛治六年（一〇九二）、良忍自筆（二十歳）
⑨「無題」、寛治六年（一〇九二）、良忍自筆（二十歳）
⑩「無題」、寛治四年（一〇九〇）、良忍自筆（十八歳）
⑪「題名未詳」、良忍自筆
⑫「題名未詳」、寛治六年（一〇九二）、良忍自筆（二十歳）
⑬『略論安楽浄土義』、康和二年（一一〇〇）、薬源執筆、良忍手択（二十八歳）
⑭『讃阿弥陀仏偈』、康和元年（一〇九九）、薬源執筆、良忍手択（二十七歳）
⑮『遊心安楽道』、良忍手択

さらにこれら十五種を、再び享保十六年（一七三一）の『来迎院霊宝古筆入目録』に良忍自筆類として挙げられた十二種と照合してみたい。

《享保十六年認定》　　《現存》

①『仏種集』――――①『仏種集』
②『摩訶止観』

②『金錍論』	③『金錍論』
③『三観義』	④『三観義私記抄』
④『玄義指事』	⑤『玄義指事』
⑤『宝幢論』	⑥『高建宝幢論問答』
⑥『止観指事』	⑦『止観指事』
	※⑤⑥⑦、三巻一包
⑦「下題不知奥書有之」	⑧「無題」
⑧「下題不知奥書有之」	⑨「無題」
⑨「下題不知奥書有之」	⑩「無題」
	⑪「題名未詳」
	※⑧⑨⑩⑪、四巻一包
⑩『実相観門』	⑫「題名未詳」
⑪『安楽土義』（良忍自筆）	⑬『略論安楽浄土義』（良忍手択）
⑫『讃阿弥陀仏偈』（良忍自筆）	⑭『讃阿弥陀仏偈』（良忍手択）
	⑮『遊心安楽道』（良忍手択）

これにより享保十六年以降、『実相観門』『略論安楽浄土義』『讃阿弥陀仏偈』の自筆類三種の所在が不明となり、『摩訶止観』と「題名未詳」二種の自筆類三種、『略論安楽浄土義』『讃阿弥陀仏偈』

『遊心安楽道』の手択類三種が新しく追加されていることが判明する。

あるいは「無題」か「題名未詳」のいずれか一種が、享保十六年当時に『実相観門』と誤解されていた可能性も考えられるが、そのことを窺わせる積極的な根拠が存在するわけでもないため、ここでの安易な判断は控えるべきであろう。また良忍手択本である『略論安楽浄土義』と『讃阿弥陀仏偈』の二種が、享保十六年に良忍自筆類として位置付けられている問題についても、おそらく咸開の誤解とみるべきであろうが、現時点においての具体的な立証が不可能であることから、やはり速断は控えることとする。

『遊心安楽道』来迎院所蔵本の再調査

昭和四十七年（一九七二）、文化庁文化財保護部美術工芸課は『遊心安楽道』来迎院所蔵本に関して次のような報告を行なった。

・遊心安楽道　良忍手択本
縦二六・〇、第二紙長五〇・五センチ、三十一紙、巻紙装、表紙茶地楮紙、料紙黄楮紙、墨界
（外題）「遊心安楽道」
（尾題）「遊心安楽道一巻」
（本文）一行十五字～十八字、一紙二十七行、無点、校合加筆
（奥書）一校了

（印記）　各紙紙背継目右下に黒方印「雄」各一顆
（時代）　平安後期
（包紙表書）「遊心安楽道　新羅國元暁撰　良忍上人之本」(18)

筆者の調査によってもおおむねこの報告通りだったが、ただ本文に関しては一紙が二十五行から二十八行、

・二十五行………第一紙、第二十紙、第二十二紙、第二十三紙、第二十四紙、第二十七紙、第三十紙
・二十八行………第四紙、第五紙

一行が十三字から二十字によって成立していた。併せて構成典籍の配置についても章末に〔資料1〕として挙げておく。

・十三字………第十紙十七行
・二十字………第十四紙四行、第十六紙十三行、第二十紙二行

さて、この来迎院所蔵本を検証することにより、転載箇所に見られる多数の補足や改変に関して、当初から存在したものと後人が文義を推察する段階で混入されたものとの分類が可能となった。また以下の三点も明らかとなる。

・この平安後期の写本に、すでに『不空羂索神変真言経』と『大宝積経』の引用が認められることから、かつて安啓賢氏らにより主張された明恵経典換置説を完全に否定することが可能となる。
・本文には当然記されてしかるべき「新羅国元暁撰」などの文字が存在せず、少なくともこの写本

からは平安後期における『遊心安楽道』元暁撰述説の萌芽を確認することができない。

・「一校了」と校閲を行なったことが明示されながらも、なおかつ多数の誤字脱字などが確認され、『遊心安楽道』はその出現当初より善本というには程遠い状態であったことが窺える。

中でもこの平安後期の写本にすでに誤字脱字などが散見されるという点は、『遊心安楽道』の撰述者論争においてもきわめて着目すべき事例として挙げられてよいだろう。

たしかに来迎院所蔵本には、次の『両巻無量寿経宗要』転載箇所における原文や明暦四年刊本との比較からも明白なように、元来は正確に書写されていたことを窺わせるいくつもの箇所が認められる。

①『両巻無量寿経宗要』

(末)那四(惑于)時現行。故非一向浄。非一向(無失。八地以上即不如是。依此義故。摂大乗
云。出出)世善法。功能所生(起)。釈曰。(二)乗善名出世。従八地以上。乃至仏地。名出
( )世。[19]

②『遊心安楽道』来迎院所蔵本

(末)那四(惑于)時現行。故非一向浄。非一向(無失。八地以上即不如是。依此義故。摂大乗
論云。出出)世善法。功能所生( )。釈曰。(二)乗善名出世。従八地以上。乃至仏地。名出
(出)世。[20]

③『遊心安楽道』明暦四年刊本

(末)那四(牛)時現行。故非一向浄。非一向(
)世善法。功能所生( )。釈曰。( )乗善名出世。従八地以上。乃至仏地。名出

（　）世。[21]

次の例もそうである。

①『両巻無量寿経宗要』

中輩之（中）説有四句。一者雖不能作沙門。当発無上菩提（之）心故。是明正因。二者（専念彼仏。三者多少修善。此観及行是為助満業。四者）願生彼国。前行此願。和合為因也。[22]

②『遊心安楽道』来迎院所蔵本

中輩之（中）説有四句。一者雖不能作沙門。当発無上菩提（　）心故。是明正因。二者（専念彼　。三者多少修善。此観及行是為助　業。四者）願生彼国。前行此願。和合為因也。[23]

③『遊心安楽道』明暦四年刊本

中輩之（　）説有四句。一者雖不能作沙門。当発無上菩提（　）心故。是明正因。二者（　　）願生彼国。前行此願。和合為因也。[24]

しかしその一方で次のような箇所も確認されるため、「比較的善本である」という評価に留まらざるを得ないのである。

①『両巻無量寿経宗要』

五種（種）性中。菩薩（種）性人。（従無始時来）不（作）五逆及断善根。（是名本性正定聚也。）[25]

②『遊心安楽道』来迎院所蔵本

五種（　）性中。菩薩（　）性人。（　　）不（作）五逆及断善根。（　）[26]

③『遊心安楽道』明暦四年刊本

五種（　）性中。菩薩（　）性人。（　　　　　　　　）不（依）五逆及断善根。（是名本生正定聚也。）[27]

筆者は前章に論じた通り、この『遊心安楽道』の実質的な撰述者を八世紀の東大寺僧智憬であったと考えている。智憬により撰述された『両巻無量寿経宗要』の註釈書が、著述名、撰述者名すら明瞭でない状態に陥ってしまったことから、『往生要集』撰述時より『安養集』撰述時までの期間（九八五〜一〇七〇）の叡山で、便宜的に『遊心安楽道』と仮題されたとみているのである。

ならばこの現存する最古写本から窺えるいくつかの事例、たとえば『遊心安楽道』の撰述者名が明示されていない点、すでに多数の誤字脱字等の混入が確認される点などは、筆者の推測を裏付けるきわめて有力な根拠として位置付けられるのではないだろうか。

ところでこの来迎院所蔵本に付された包紙の表書に関して、昭和二年（一九二七）の東京帝国大学、昭和二十六年（一九五一）の横田兼章氏、昭和四十七年（一九七二）の文化庁文化財保護部美術工芸課は、それぞれ次のように全く相違する調査結果を報告されている。

・「遊心安楽道　新羅国元暁撿　良忍之本」[28]（東京帝国大学）

・「遊心安楽道　新羅国元暁撰　良忍之本」[29]（横田兼章氏）

・「遊心安楽道　新羅國元暁撰　良忍上人之本」[30]（文化庁）

「元暁撰」と「元暁撿」の相違は『遊心安楽道』の撰述者問題に、また「良忍之本」と「良忍上人之本」の相違は包紙作成者に関わる重要問題であるが、実際に筆者が確認したところ、包紙には次のように記述されていたことが判明した。

・「遊心安楽道　新羅国元暁撰　良忍上人之本」

加えてこの包紙の製作時期についても諸氏の見解は大きく相違しており、横田兼章氏は本文と同時期、すなわち平安末期に付されたものであるとして、「この如来蔵本には新羅国元暁撰と明記されているので、少なくとも我が平安末期には元暁撰述説が行なわれていたことが知られる」と断じられている。[31]これに対して韓普光氏は、「享保十六年二月、良忍六百年忌にあたり、法孫である善逝院咸開が第一箱法函を収めたものと判明している。したがって『遊心安楽道』の巻物の包紙はその時のものであろう」と享保十六年（一七三一）に付されたものであると推測されている。[32]しかし筆者は以下に示す三つの理由によって、いずれの見解にも賛同しかねるのである。

第一に咸開が享保十六年製作の旧櫃に納めたのは、『来迎院霊宝古筆入目録』に提示される最重要

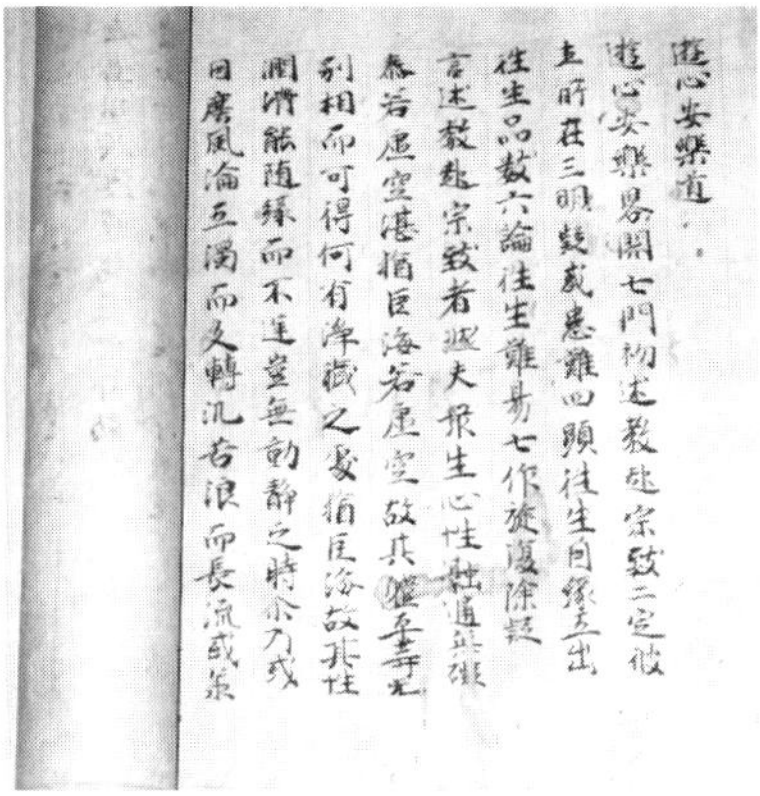

図１　『遊心安楽道』来迎院所蔵本　巻首

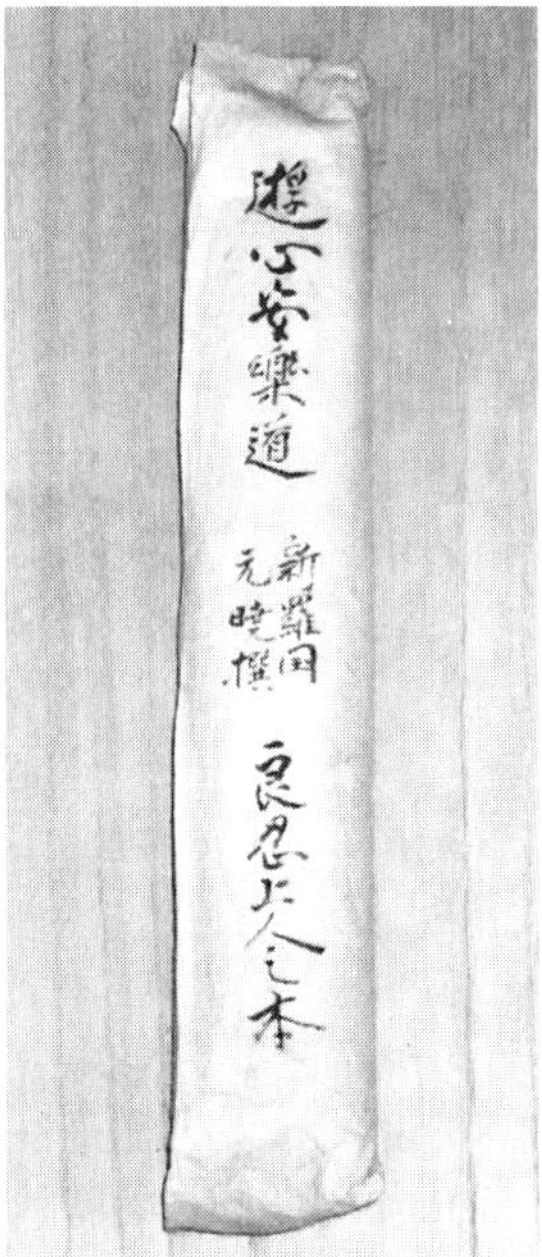

図２　包紙

典籍十七種であり、その中に『遊心安楽道』は含まれていない。第二に『来迎院霊宝古筆入目録』には『略論安楽浄土義』と『讃阿弥陀仏偈』の二種が良忍自筆本とされているが、包紙は両写本を良忍手択本と位置付けており、はたしてこれが同一のものであるならば、その扱いに決定的な差異がみられる。第三に聖教文書類の蒐集作業は明治期まで継続して行なわれ、包紙はその都度付されていったものであり、決してすべてが同時期に製作されたものではない。

すなわち少なくとも享保十六年当時の重要典籍を載録した『来迎院霊宝古筆入目録』に、良忍手択とされる『遊心安楽道』の名が見られないという事実は、当時、この『遊心安楽道』が来迎院に存在しなかったか、もしくは来迎院に存在していたが良忍手択とは位置付けられていなかったかのいずれかであるとみてよい。はたしてこの包紙を享保十六年、あるいはそれ以前に製作されたものとするならば、そこに「良忍上人之本」と明記されている以上、この写本が他寺院に所蔵されていた事実を具体的に立証する必要が生じよう。

しからば、この『遊心安楽道』の包紙はいつ製作されたものなのだろうか。その特定には如来蔵に現存する所蔵典籍目録の存在が重要な手掛かりとなる。如来蔵には享保十六年の『来迎院霊宝古筆入目録』の他にもさまざまな宝物目録が存在し、そのうち、所蔵典籍を扱ったものとしては次の四種が挙げられる。(33)

・『如来蔵聖教目録』
・『如来蔵宝物目録』（草稿本）……寛政四年（一七九二）
・『如来蔵宝物目録』

・『如来蔵本目録』……………寛政十年（一七九八）

もっとも『如来蔵聖教目録』と『如来蔵宝物目録』の二種については編録年が明示されていない。しかし、これら四種を一括した包紙に「仏像道具経巻如来蔵目録　古一新二三通　外新目録草案」との表書があり、寛政四年の『如来蔵宝物目録』（草稿本）を「新」、さらに他の三種を「古」一種、「新」二種として分類していることから、草稿本の浄書である『如来蔵宝物目録』と、その六年後に編録された『如来蔵本目録』の二種がともに「新」、残る『如来蔵聖教目録』が必然的に「古」ということになる。したがって『如来蔵宝物目録』（草稿本）、『如来蔵宝物目録』、『如来蔵本目録』の三種が寛政四年から寛政十年までの期間（一七九二～一七九八）に編まれたもの、そして『如来蔵聖教目録』がそれよりはるか以前に編まれたものということになろう。

さて筆者が調査したところ、『遊心安楽道』の名はこれら四種の目録のうち、『如来蔵聖教目録』と『如来蔵宝物目録』（草稿本）の二種に記されていることが判明した。『如来蔵聖教目録』には第十紙の二行目に、『如来蔵宝物目録』（草稿本）には第四紙の二十六行目にその名をみることができる。しかし、いずれにも良忍手択本としては扱われておらず、草稿本に挙げられながら浄書においてはその名が削除されているなど、むしろ非常に軽視されていたようにも感じられるのである。

ならば自ずと以下の位置付けが可能となるのではないだろうか。まずこの『遊心安楽道』の写本はかねてより如来蔵に所蔵されていたが、決して良忍手択本としては位置付けられていなかった。執筆者や執筆年が不明であることに加え、当然記されてしかるべき「新羅国元暁撰」の文字が欠落していることや、誤字脱字が多数混入して通読が困難であることなどから、単に古写本としての価値しか認められていなかったのである。十八世紀に何度も企画された所蔵典籍目録の編纂に際して、この『遊心安楽道』がことごとく軽視されている点は、その事実を如実に物語るものと言ってよい。

ところがいかなることか、この写本は十九世紀に入ってから突如、良忍手択本と位置付けられることとなる。何ら明瞭な根拠が提示されないまま「良忍上人之本」と記される包紙が付され、そこには当然そうあるべきものとして「新羅国元暁撰」の文字が加えられたのである。もっともその具体的な製作時期については、文政二年（一八一九）の三櫃分類に際してのものとも推察されるが、ほかに明瞭な手掛かりがないため、現時点での明言は避けることとする。

おわりに

以上、『遊心安楽道』来迎院所蔵本に関して検証を行なった。『遊心安楽道』には古来より善本が存在せず、これまでこのことがすべての研究の根本的障害となっていた。たしかに全体の九割以上が他典籍からの引文により構成されているという特性は、原文との対校や文義の推察によってある程度の通読を可能とする。しかし、この方法は同時に後人による論旨の補足や改変を混入させる要因にもなり、かえって『遊心安楽道』の形態の乱造を招くという弊害をもたらしていたのである。

かつて安啓賢氏は、元暁滅後に成立した経典が『遊心安楽道』に引用されている矛盾を受けても、なおかつ後人による経典換置を理由に元暁真撰説を主張された[34]。つまるところ、これも同様の方法によって後人の見解が混入している可能性が認められるという一点に由来するものと言ってよい。すなわちこの原初形態を色濃く伝える平安後期の写本の完全把握は、より正確な資料に立脚しての『遊心安楽道』研究を可能とするばかりでなく、多数確認される論旨の補足や改変の一々に関して、出現当初より存在したものと、後人が文義を推察する段階で加えられたものとの判別をも可能とするのである。

さて、本写本からいくつかの点が明らかとなった。昭和三十四年（一九五九）、村地哲明氏は『遊心安楽道』が元暁に仮託して撰述されたものであるか否かの問題に関して、「本書が元暁作に帰せられたことについては、元暁の『両巻無量寿経宗要』の文を最も多く依用していることと、密教的民俗的信仰を権威づけようとする企図から出たもの」と主張された[35]。一方、恵谷隆戒氏は昭和四十九年（一九七四）、同問題に関して「元暁のごとき高僧が凡夫往生を主張しているとすれば、凡夫往生説が権威付けられるであろうという意図によって偽作されたものではないか」と論じられている[36]。

たしかに我が国の光明真言信仰や凡夫正機説の隆盛に「元暁撰『遊心安楽道』」の存在が果たした功績を考慮すれば、両氏の推論は至極妥当なものであるようにも感じられる。しかしそれらはあくまでも結果論であり、この来迎院所蔵本から導き出されるさまざまな情報は、本書が元暁に仮託して撰述されたとする従来の認識を根本的に見直すに十分な根拠となるのではないだろうか。

まず「一校了」と付記しながらも、本文にいまだ多数の誤字脱字などが見受けられる点は、この時点においてすでにたび重なる書写が繰り返されていたことの所産であるとみてよい。それでもあえてこのような状態の写本に頼らざるを得なかったことは、すなわちその出現当初より『遊心安楽道』の善本が存在しなかった事実を物語るものとしてよかろう。

また本写本には『遊心安楽道』の撰述者名が明示されておらず、平安後期における元暁撰述説の確定を明言できない点が挙げられる。それはやはり元暁撰述説の確定が窺えない『安養集』『安養抄』『浄土厳飾抄』の『遊心安楽道』引用箇所と趣を同じくするものであり[37]、本書が後人の推測の下に元暁の著述と位置付けられたことを立証するものとしてよい。すなわち本写本の存在は、『遊心安楽道』がかねてより現状と異なる形態で存在していたとする筆者の推論を裏付ける一証左となり得るものだったのである。

加えて『遊心安楽道』来迎院所蔵本の包紙に関しては、これまで調査を行なった各機関の報告が決して一様でなかったことから、その位置付けも諸氏により大きく相違していた。たとえば横田兼章氏は平安末期に付されたものであるとして当時の元暁撰述説の存在を指摘され、韓普光氏は享保十六年（一七三一）当時に咸開によって付されたものであると主張されている。

この包紙には本文に見られない「新羅国元暁撰」の文字が確認されるだけでなく、この写本を良忍手択本とする唯一の根拠となった「良忍上人之本」の文字も確認されるため、これがいつ作成されたものであるかによって、来迎院所蔵本自体の位置付けも大きく左右されることとなる。

この点に関して筆者が実際に調査したところ、包紙には「遊心安楽道　新羅国元暁撰　良忍上人之本」と表書されていたことが判明し、その製作時期に関しても、現存するいくつかの所蔵典籍目録を手掛かりとすることによって、寛政十年（一七九八）以降のものであることが明らかとなった。少なくとも本写本は寛政十年までは良忍手択本とは認定されておらず、逆に執筆者名、執筆年月日などの一切が不明であることから非常に軽視されていたのである。やはり長期にわたって常識とされてきた村地説や恵谷説は、この来迎院所蔵本の実例によっても根本的に否定されるべきであろう。

〔資料1〕『遊心安楽道』来迎院所蔵本

遊心安楽道

【初述教起宗致】

遊心安楽略開七門。初述教起宗致。二定彼土所在。三明疑惑患難。四顕往生因縁。五出往生品数。六論往生難易。七作旋復除疑。

○『両巻無量寿経宗要』（『大正新脩大蔵経』三七巻、一二五頁c）の引用

如是浄土。十方諸仏之所歎勧。三乗聖衆之所極居。然審察如来歎勧意者。為欲摂護中下根故。娑婆世界雑悪之処於縁多退。安養宝刹純善之地唯進無退。

○『浄土論』（『大正新脩大蔵経』四七巻、九五頁a）の引用

○『浄土論』（『大正新脩大蔵経』四七巻、八七頁a）の趣意

○『浄土論』（『大正新脩大蔵経』四七巻、八六頁b）の趣意

○『浄土論』（『大正新脩大蔵経』四七巻、八七頁a）の趣意

総而言之。初地以上。悲願自在。無所不生。更何須勧。十解以去種姓決定。復無恐退。亦非正為。十信以前。及諸凡夫。発心未固。昇降随縁猒穢欣浄。故仏観摂。西方長寿。一生修行登地。娑婆短命。多劫劬労猶退。

○『華厳経』（『大正新脩大蔵経』九巻、五八九頁c）の引用

【二定彼土所在】

仏土円融。本無東西。扣機多端。方現此彼。由是試論。

○『華厳経内章門等雑孔目章』（『大正新脩大蔵経』四五巻、五七六頁c）の趣意

一法性土。二実報土。三受用土。四変化土。於中法性実報。一味平等。周徧法界。非余所測。受用変化。

酬願乗感。随機所欲。指方可得。

○『阿弥陀経』（『大正新脩大蔵経』一二巻、三四六頁c）の引用

今将之彼界。浄与不浄。

○『両巻無量寿経宗要』（『大正新脩大蔵経』三七巻、一二六頁a）の引用

言正定等者。総説衆生界略有三聚。

○『両巻無量寿経宗要』（『大正新脩大蔵経』三七巻、一二九頁b）の引用

其相云何。若総説者。一闡提人為邪定聚。二乗頂位以上。菩薩初発心住以上。判為正定。若已趣入。未至其住。為不定聚。決定不退。無断善根。如是為名正定聚義。

○『両巻無量寿経宗要』（『大正新脩大蔵経』三七巻、一二九頁c）の趣意

○『両巻無量寿経宗要』（『大正新脩大蔵経』三七巻、一二六頁b）の引用

【三明疑惑患難】

於中先明所対疑境。

○『両巻無量寿経宗要』（『大正新脩大蔵経』三七巻、一三〇頁a）の引用

後明生彼化胎優劣者。

○『無量寿経』（『大正新脩大蔵経』一二巻、二七八頁a）の引用

如来真言。無令致怪。後悔難追。可不慎哉。

【四顕往生因縁】

○『両巻無量寿経宗要』（『大正新脩大蔵経』三七巻、一二八頁b）の引用

或有説言。弥勒所問経十念者。非聖一向純浄土説。亦同観経望第四対浄土。而説所以者。所説十念雖言非凡夫念。而是十信三賢菩薩之所修習。慈悲心等以為十念。

○『大宝積経』（『大正新脩大蔵経』一一巻、五二八頁b）の引用

解云。即此経者。与弥勒所問同本異訳。所言非諸凡遇不善丈夫具煩悩之者所能発者。凡謂無性一闡提者。愚謂趣寂二乗種性。誹謗正法造五逆等。不善士具煩悩者。除此余人。随成一心。得生彼国。必有是処。是故応知弥勒所説十念非凡夫念等者。非但地上所修十念。若不爾者。地前菩薩何無慈悲。豈不往生耶。若観経中修十六観当生彼国。広如彼説九品之行。次門当述。若往生論明五因行。

○『無量寿経優婆提舎願生偈』（『大正新脩大蔵経』二六巻、二三一頁b）の趣意

故広説如彼。往生因縁略説如是。

【五出往生品数】

○『観無量寿経』（『大正新脩大蔵経』一二巻、三四一頁b）の引用

○『観無量寿経』（『大正新脩大蔵経』一二巻、三四四頁c）の引用

○『釈浄土群疑論』（『大正新脩大蔵経』四七巻、六七頁b）の引用

○『浄土論』（『大正新脩大蔵経』四七巻、八七頁b）の趣意

○『無量寿経』（『大正新脩大蔵経』一二巻、二七二頁b）の引用

当熟思之。能於其中。端心正行。

○『浄土論』（『大正新脩大蔵経』四七巻、八八頁b）の引用

彼経唯言為未来世一切凡夫為煩悩賊之所若害者。説清浄説清浄業処。勧人往生。不論菩薩。

○『浄土論』（『大正新脩大蔵経』四七巻、八八頁b）の引用

生人品類。略義如是。

【六論往生難易】

於中有二。先明二処優劣。後述往生難易。言優劣者。

○『浄土論』（『大正新脩大蔵経』四七巻、一〇〇頁a）の趣意

或説兜率易生。極楽難生。所以知者。

○『観弥勒上生兜率天経賛』（『大正新脩大蔵経』三八巻、二七七頁c）の趣意

准対法論別時意趣者。如説若有願生極楽世界皆得往生。意在別時。猶貨一銭而得千銭。故彼経言。非一少善根因縁而得生彼。天親論云。女人及根闕。二乗種不生。又彼仏豪相。如五須弥。豈凡夫類能見此相。如是等義。成証非一。是故願往西方万一不生。或説在前二説並不尽理。凡其往生難易。一任因縁。縁謂仏菩薩同体大悲。因是四衆九輩所起願行。同体之悲。雖無局人。衆生之業。猶是参著差。若是業因熟者。願随願便生。非以人天如難往。亦以浄穢如有礙。若其願行闕者。在前無識。宣由同界而易生。彼以化身而輙謁。由是王舎城内。三億余家。同居一城。而不聞如来之名。那落伽中。九十億人別住。難家猶来見金色之相。則知衆生起行良由勝縁之相属。有共不共。或有性自属弥陀。或有本来繋慈氏。如遂所属各得道速。強於無属。多労少益。是故長者之婢母。受化於羅云。非想之天子。悟道於遺身。然則委心所尊。競務其業。性之易。早于弾指。何為徒交難修羅易之論。如其発心決定無疑。六事是易。九品非難修。罪業雖多。銷過朝陽之劫暗界。趣雖但通逾王印之開塞。但以剋舟之学徒。守株株行者。疑乎覆千界之舌相誠言。信乎愚一心之井蛙臆説。豈非蔵遺燕石。疑慮隋珠。悲復哀哉。

【七作疑復除疑】

○『浄土論』（『大正新脩大蔵経』四七巻、九〇頁b）の趣意

○『浄土論』（『大正新脩大蔵経』四七巻、九一頁b）の趣意

○『浄土論』（『大正新脩大蔵経』四七巻、一〇二頁c）の引用

○『浄土論』（『大正新脩大蔵経』四七巻、九〇頁c）の引用

問。親遇善縁。預九品生。頻見文義。憤心雲披。若有衆生集衆悪。不識修善已入三途。為有方便。救彼亡霊。令除業障。生極楽界以不。

○『不空羂索神変真言経』（『大正新脩大蔵経』二〇巻、三八四頁c）の引用

○『不空羂索神変真言経』（『大正新脩大蔵経』二〇巻、三八五頁c）の引用

此等経文往々而在。悔哉罪業自造。苦果影追。痛哉独因独厄無人救護。自非同体大悲。弘済秘術誰能遠開幽鍵。扶昇花台。雖無他作自受之理。而有縁起難思之力。則知以遇呪沙即成有縁。若不被沙。何論脱期。惟夫大悲無方。長舌無雑。不可不信。後悔無及。然則不信用者。従負厚恩報日転遠。有順行者。接魂花蓮。孝順使立幸逢真言。含古不難取有。君子誰不奉行。散沙墓上。尚逝彼界。況乎呪衣著身。聆音誦字者矣。

遊心安楽道一巻　　一校了

註

（1）『浄土宗全書』続七巻、一二一五頁上。

（2）明暦四年（一六五八）西村九郎右衛門刊本、四丁裏。また『大正新脩大蔵経』四七巻、一一四頁a。『大正新脩大蔵経』四七巻所収『遊心安楽道』は明暦四年刊本を底本としている。

（3）『大正新脩大蔵経』三七巻、一二八頁b。

（4）「元暁無量寿経宗要云」（『浄土宗全書』六巻、一五九頁下）や「大経宗要云」（同巻、二八〇頁上）として『両巻無量寿経宗要』を引く道忠、「如二元暁大経宗要云一」（『浄土宗全書』八巻、五七〇頁上）として『両巻無量寿経宗要』から引用する道光、「彼大経宗要云」（『浄土宗全書』七巻、五四六頁下）や「大経宗要云」（同巻、五五〇頁上）としてやはり『両巻無量寿経宗要』を引く聖冏など、いずれも『遊心安楽道』からの引用が回避されている。

（5）『浄土宗全書』続七巻、一二一五頁下。

（6）落合俊典「『遊心安楽道』の諸本について」（『仏教論叢』三三号、一九八九年）参照。ともに刊年は不明だが、丁子屋九郎右衛門刊本の別行本である京都大学所蔵無刊記本は『大日本続蔵経』所収『遊心安楽道』の底本であり、金陵刻本は『韓国仏教全書』所収『遊心安楽道』の底本である。

（7）『大日本仏教全書』一〇一巻、二七二頁上。

（8）『来迎院如来蔵聖教文書類目録』（文化庁文化財保護部美術工芸課、一九七二年）「来迎院如来蔵について」一〇頁。

(9)『昭和二年、京都府史料蒐集目録二百八、来迎院如来蔵重書目録』(東京帝国大学、一九二七年)、文化庁註(8)前掲書「来迎院如来蔵について」九頁、『美の修復——京都国立博物館文化財保存修理所創設十周年記念報告書——』(修理者協議会、一九九〇年)一六七頁参照。

(10)この『伝教大師度縁案並僧綱牒』一巻の入手経路は明瞭でないが、享保十六年(一七三一)の『来迎院霊宝古筆入目録』にはすでに「伝教大師度牒戒牒」として挙げられている。

(11)文化庁註(8)前掲書参照。良忍自筆手択類十五種のうち、②『摩訶止観』、⑧「無題」、⑨「無題」、⑩「無題」、⑫「題名未詳」の五種には、「良仁」の署名がある。良忍は青年期、自らを「良仁」と称していたようであり、塚本善隆「融通念仏宗開創質疑——清涼寺を巡る融通念仏聖の活動——」(『日本仏教学会年報』二一号、一九五六年)の補一には、「良忍」と「良仁」が同一人物であることを物語る史料が挙げられている。

(12)本写本の首題に「□□弥陀仏偈幷論　羅什法師作」と記されていることを考慮すれば、もともと⑬『略論安楽浄土義』と⑭『讃阿弥陀仏偈』は一括のものとして書写されたものであろう。ちなみにこの両著は鳩摩羅什(三四四～四一三、あるいは三五〇～四〇九)のものとされているが、実際は曇鸞(四七六～五四二?)の著述である。もっとも元暁(六一七～六八六)の『両巻無量寿経宗要』にも、「什公説言」として『略論安楽浄土義』の文が引かれており(『大正新脩大蔵経』三七巻、一二九頁a)、おそらくきわめて早い時期から鳩摩羅什の著述であるとの位置付けが浸透していたのであろう。

(13)横田兼章「大原如来蔵における良忍上人関係資料」(融通念仏宗教学研究所編『良忍上人の研究』、百華苑、一九八一年)三三頁。

(14)東京帝国大学註(9)前掲書、二頁参照。また井上光貞『新訂日本浄土教成立史の研究』(山川出版社、一九五六年)図版十五・十六に外題と奥書の写真が掲載されている。

(15)文化庁註(8)前掲書「来迎院如来蔵について」一一頁。しかし「幼年之古筆発願文」に該当するものは現存せず、もともと存在したかも明らかではない。

(16)横田註(13)前掲論文、二六頁。

(17) 文化庁註(8)前掲書、一二頁にも窺える。
(18) 文化庁註(8)前掲書、二〇頁。
(19)『大正新脩大蔵経』三七巻、一二六頁a。
(20) 来迎院所蔵本第四紙。
(21) 明暦四年刊本四丁裏。『大正新脩大蔵経』四七巻、一一一頁b。
(22) 註(3)。
(23) 来迎院所蔵本第十二紙。
(24) 註(2)。
(25)『大正新脩大蔵経』三七巻、一二九頁c。
(26) 来迎院所蔵本第五紙。
(27) 明暦四年刊本五丁裏。『大正新脩大蔵経』四七巻、一一一頁c。
(28) 東京帝国大学註(9)前掲書、二頁。
(29) 横田註(13)前掲論文、三二・三四頁。
(30) 註(18)。
(31) 註(29)。
(32) 韓普光『新羅浄土思想の研究』(東方出版、一九九一年)二三二頁。
(33) 文化庁註(8)前掲書、三七九頁。
(34) 安啓賢「元暁의 弥陀浄土往生思想」(『歴史学報』一六輯、一九六一年、韓国)。安氏はこの論文において、元暁入滅(六八六)以降に成立した『不空羂索神変真言経』(七〇九)と『大宝積経』(七一三)が『遊心安楽道』に引用されている矛盾に関して、もともとはそれぞれの既存異訳経典が引用されていたのを後人が置き換えたものと断じられた。もっともこの見解は、本書第一章に挙げたように、安氏指摘の異訳経典に該当箇所が存在しないことなどを指摘された落合俊典氏の論文「『遊心安楽道』の著者」(『華頂大学研究紀要』二五号、一九八〇年)によって論破されている。

（35）村地哲明「『遊心安楽道』元暁作説への疑問」（『大谷学報』三九巻、一九五九年）四五頁。
（36）恵谷隆戒「新羅元暁の『遊心安楽道』は偽作か」（『印度学仏教学研究』二三巻、一九七四年）二三頁。
（37）十一世紀後半に編纂された『安養集』『安養抄』『浄土厳飾抄』には、『遊心安楽道』が計二十二回にわたって引用されている。このうち、撰述者を明示しないもの十四回、「元晈」と記すもの四回であるのに対し、「元暁」と正確に記しているものはわずか四回にすぎない。西村冏紹監修・梯信暁著『宇治大納言源隆国編『安養集』本文と研究』（百華苑、一九九三年）六九・七八・九二・一八七・三〇一・四四〇・四六六・四八四・五〇七・五三二頁。『大正新脩大蔵経』八四巻、一三七頁b・一四〇頁a・一四二頁c・一四四頁c・一五二頁b・一五七頁c・一六四頁c・一七〇頁c・一七一頁a・一七二頁b。佐藤哲英『叡山浄土教の研究』（百華苑、一九七九年）資料編、四〇五・四二四頁。

第四章 『華厳宗祖師絵伝』における元暁像の変容

はじめに

朝鮮半島の統一を目論む新羅は、国家としての精神的基盤を仏教に求めた。そのため国家を挙げて僧侶の留学求法を奨励し、新羅仏教は護国仏教としての性格を強く有することとなる。新羅真平王二十二年（六〇〇）に陳から帰国した円光が説く世俗の五戒や、新羅善徳王十二年（六四三）に唐から帰国した慈蔵が建立した皇龍寺九層塔は、その具体例と言ってよいだろう。

世俗の五戒とは「一曰事レ君以レ忠。二曰奉レ親以レ孝。三曰交レ友以レ信。四曰臨レ戦不レ退。五曰殺生有レ択」[1]という新羅国民の遵守すべき生き方を規定したものであり、皇龍寺九層塔とは日本、中華、呉越、托羅（済州島）、鷹遊（中国東部の鶩遊山）、靺鞨（中国東北部）、丹国（契丹）、女狄（女真）、穢貊（中国東北部）の九つの異民族との戦勝を祈願し、慶州に建てられた護国仏教の象徴である[2]。

もっともその一方で、あえて国内に留まって市井に交わることにより、民衆仏教の隆盛に尽力した僧侶が存在したことも忘れてはならない。元暁（六一七〜六八六）がその代表例として挙げられよう。たしかにかつては元暁も多くの新羅僧と同様、入唐求法を夢見て新羅を出発したことがある。しかし、その道中に仏法の真理を悟って入唐を放棄したとされており、『宋高僧伝』（九八八）にはその模様が以下のように伝えられている。

唐総章二年（六六九）、同門の義湘（六二五〜七〇二）とともに唐へ向かった元暁は、折からの雨を避けるために傍らの土龕で一夜を過ごした。翌朝、目覚めるとそこが墓所であったことが判明するが、雨は一向に降り止まず、その日の夜も同所で過ごすこととなる。すると今度は夢中に鬼が出現して散々に安眠を妨げたのである。この一件により元暁はすべての現象は心によって生ずるという「三界唯心。万法唯識」の道理を開悟し、これ以上唐へ行く必要がなくなったとして一人帰国の途に就いたとされている。

行至二本国海門唐州界一。計求二巨艦一。将レ越二滄波一。倏於二中途一遭二其苦雨一。遂依二道旁土龕間一隠レ身。所三以避二飄湿一焉。迨二乎明旦一相視。乃古墳骸骨旁也。天猶霢霂地且泥塗。尺寸難レ前逗留不レ進。又寄二埏甓之中一。夜之未レ央俄有二鬼物一為レ怪。暁公歎曰。前之寓宿謂二土龕一而且安。此夜留宵託二鬼郷一而多レ祟。則知心生故種種法生。心滅故龕墳不二。又三界唯心万法唯識。心外無レ法胡用二別求一。我不レ入レ唐。却携レ嚢返レ国[3]。

帰国してからの元暁はさまざまな経論を研究し、六十部とも八十部とも言われる膨大な数の著述を撰述した。以下はその現存するものである。

①『大慧度経宗要』全一巻（『大正新脩大蔵経』三三巻所収）
②『法華経宗要』全一巻（『大正新脩大蔵経』三四巻所収）
③『金剛三昧経論』全三巻（『大正新脩大蔵経』三四巻所収）

④『両巻無量寿経宗要』全一巻（『大正新脩大蔵経』三七巻所収）
⑤『阿弥陀経疏』全一巻（『大正新脩大蔵経』三七巻所収）
⑥『涅槃経宗要』全一巻（『大正新脩大蔵経』三八巻所収）
⑦『弥勒上生経宗要』全一巻（『大正新脩大蔵経』三八巻所収）
⑧『大乗起信論疏』全二巻（『大正新脩大蔵経』四四巻所収）
⑨『大乗起信論別記』全一巻（『大正新脩大蔵経』四四巻所収）
⑩『菩薩戒本持犯要記』全一巻（『大正新脩大蔵経』四五巻所収）
⑪『大乗六情懺悔』全一巻（『大正新脩大蔵経』四五巻所収）
⑫『華厳経疏』序と第三巻（『大正新脩大蔵経』八五巻所収）
⑬『菩薩瓔珞本業経疏』序と下巻（『大日本続蔵経』一編六一套所収）
⑭『中辺分別論疏』第三巻（『大日本続蔵経』一編七五套所収）
⑮『梵網経菩薩戒本私記』上巻（『大日本続蔵経』一編九五套所収）
⑯『因明論判比量論』序（『大日本続蔵経』一編九五套所収）
⑰『発心修行章』全一巻（『韓国仏教全書』第一巻所収）
⑱『二障義』全一巻（『韓国仏教全書』第一巻所収）
⑲『十門和諍論』断片（『韓国仏教全書』第一巻所収）
⑳『解深密経疏』序（『東文選』第八三巻所収）
※『遊心安楽道』全一巻（ただし偽撰。『大正新脩大蔵経』四七巻所収）

そもそも元暁教学の根源は「和諍」と称される融会思想にある。百家の異論を通仏教の名の下に統合し、仏教を釈尊により提唱された一宗教と位置付けるところに元暁教学は帰結するのである。たとえば唐華厳宗を大成した法蔵（六四三〜七一二）の教学にも多大なる影響を及ぼした『大乗起信論疏』は、『大乗起信論』を『楞伽経』に立脚して論述されたものであると位置付け、唯識思想と融会する方向で註釈を行なっている点に特徴がある。また元暁の根本教義を概説する『十門和諍論』も、空有二論をはじめとするさまざまな矛盾する教義を、十門にわたって融会させることを目的とした著述である。

しかし元暁の著述の中で最も広く受持されたものを一点挙げるならば、それはやはり『金剛三昧経論』ということになるだろう。『金剛三昧経論』は空思想について概説する偽経『金剛三昧経』に註釈を加えたものであり、『宋高僧伝』には「略本流二入中華一。後有二翻経三蔵一。改レ之為レ論焉」として、元来『金剛三昧経疏』であった題名が唐において『金剛三昧経論』に改題された由来が述べられている。[4]

「論」の名称は声聞、縁覚、菩薩の三乗の所説に対して使用されるものであり、鎌田茂雄氏は「元暁の『金剛三昧経疏』が中国に伝えられると、そのあまりの見事な出来映えのために、これは菩薩が書いたものであろうと言い、『金剛三昧経論』と呼ばれた。普通の人間が書いたものなら〝疏〟であるが、菩薩が書いたものだから〝論〟と呼ばれたのである」と解説されている。[5]一介の新羅僧の著述が唐において「論」として扱われることは、まさしく異例中の異例だったのである。

もちろんその評価は我が国においても同様であり、『正倉院文書』に数多くの書写記録が確認され

るほか、『三国史記』（一一四五）には、

世伝。日本国真人贈二新羅使薛判官一詩序云。嘗覧二元暁居士所レ著金剛三昧論一。深恨レ不レ見二其人一。聞二新羅使薛即是居士之抱孫一。雖レ不レ見二其祖一而喜レ遇二其孫一。乃作レ詩贈レ之。其詩至レ今存焉。但不レ知二其子孫名字一耳。(6)

として元暁の実孫薛仲業が新羅使節として日本を訪れた際、『金剛三昧経論』に感動した真人（八色の姓第一位）の一人から詩を贈られた逸話が掲載されている。これらは『金剛三昧経論』の存在により元暁の名が早くから仏教界のみならず、広く我が国の官人層にまで浸透していたことを立証する具体例として挙げられよう。

もっとも元暁は、その一方で突如還俗して「小姓居士」を名乗り、瑤石宮の寡公主と婚姻して一児薛聡をもうけたほか、『華厳経』の一文から「無礙」と名付けた大瓠を持って村々を舞詠したり、酒家娼家でも教化活動を行なったりするなど、その行動は全く自由無礙にして拘泥がなかったとされている。無論このような元暁の行状は他の僧侶から律儀に反するものとして根強い批判の対象となったが、『三国遺事』を著した高麗僧一然（一二〇六～一二八九）は、仏教が民衆に浸透する機縁になったとして次のように賛美している。

暁既失レ戒生レ聡。已後易二俗服一。自号二小姓居士一。偶得二優人舞弄大瓠一。其状瑰奇。因二其形一製為二道具一。以三華厳経一切無礙人一道出二生死一名曰二無礙一。仍作レ歌流レ于レ世。嘗持レ此。千村万落且歌且舞。化詠而帰。使下桑樞瓮牖玃猴之輩。皆識二仏陀之号一。咸作中南無之称上。暁之化大矣哉。(7)

これらの逸話も早くから我が国へ伝えられ、鎌倉前期には「元暁絵」と「義湘絵」から成る『華厳宗祖師絵伝』（別名『華厳縁起』、高山寺蔵）が作成されるに至った。この『華厳宗祖師絵伝』は栂尾高山寺の明恵（一一七三～一二三二）、もしくはその弟子喜海（一一七八～一二五〇）によって企画されたものと推察され、それぞれ『宋高僧伝』に立脚する以下の逸話から構成されている。

○「元暁絵」全二巻

・同門義湘と入唐求法を志した元暁は、道中の土龕での野宿の際、夢中に現れた鬼を見て『華厳経』の「三界唯一心。心外無二別法一」の道理を悟り、一人その志を翻して入唐を放棄する話（『宋高僧伝』唐新羅国義湘伝(8)）。

・新羅国王の発願により碩徳が招集されて百座仁王会が催されるが、常日頃より琴を奏でたり酒家娼家で教化活動を行なったりする元暁の行状を苦々しく思っていた諸徳の讒言により、元暁の推挙が見送られる話（『宋高僧伝』唐新羅国黄龍寺元暁伝(9)）。

・新羅王妃の悪腫を癒すため、勅使が龍宮より『金剛三昧経』の散経三十余紙を持ち帰る。そして大安に八品の経にまとめさせ、元暁に五巻の註釈書を撰述させたのであるが、その『金剛三昧経論』が盗難の被害に遭ってしまう。そこで元暁は新たに三日間を費やして略疏三巻を作成し、求めに応じてこれを講釈したところ、法堂を埋めた王臣道俗から絶大なる称賛を得ることとなった。そのためかつて元暁を百座の仁王会に推挙しなかった諸徳は、挙ってその面目を失った話（『宋高僧伝』唐新羅国黄龍寺元暁伝(10)）。

○「義湘絵」全四巻

・ともに入唐求法の旅に出た元暁は、その道中で「三界唯一心。心外無二別法一」の道理を悟って一人帰国の途に就く。しかし一方の義湘は、その志を変えることなく商船に便乗して入唐を果たす話（『宋高僧伝』唐新羅国義湘伝[11]）。
・長安へ向かう途中、義湘は托鉢のために立ち寄った文登県の一信士宅で、その家の少女善妙から恋慕の情を告げられる。しかし義湘の道心は固く、それを知った善妙は外護者となることを決意して義湘の帰りを待ちわびていた。何も知らない義湘は終南山の智儼（六〇二～六六八）の下で華厳教学を綜学した後、善妙に会うこともなく新羅へ向かう船に乗って帰国の途に就いてしまう。嘆き悲しんだ善妙は海中に投身入水し、ある時は龍となって新羅へ帰る義湘に随行し、ある時は浮動する巨石となって異教徒を追い払うなど、後々まで陰になり日向になり義湘を守護し続けた話（『宋高僧伝』唐新羅国義湘伝[12]）。

これまで本絵巻の研究は、美術史学の分野を中心に行なわれ、絵師や詞書執筆者の問題などに関してめざましい成果を挙げてきた。しかしその一方で『遊心安楽道』元暁偽撰説確定以降も仏教史学の分野から再検証が行なわれることはなく、制作目的などをはじめとして、いまだ解明されるべき疑問は山積したままである。

前述のごとく『遊心安楽道』は我が国において撰述されたものであり、当然、『遊心安楽道』の介在によって元暁を稀代の密教僧と位置付ける我が国の一般認識は、根本から見直される必要がある。ましてやそれが「仏法ノ棟梁也。世界ノ日月也[13]」と深く元暁に傾倒していた明恵、あるいは喜海によって制作されたものであるならば、なおさらのことと言ってよい。

しからば、はたしてこの『華厳宗祖師絵伝』に描写される元暁像は、『遊心安楽道』を根底とした誤った認識に立脚したものではなく、本当に『宋高僧伝』の記述に適ったものとしてよいのだろうか。あらためて検証してみたいと考える。

『華厳宗祖師絵伝』の復元作業

明治十六年（一八八三）、当時の文部省博物局によって「元暁絵」三巻、「義湘絵」三巻から成る『華厳宗祖師絵伝』全六巻の修繕作業が行なわれた。しかし、ここで一つの問題が生じることとなる。後崇光院（一三七二～一四五六）の日記『看聞御記』の永享五年（一四三三）六月十六日条には、本絵巻が「元暁絵」二巻、「義湘絵」四巻の構成であったと明示されており、これにより元来の形態と現状との相違が明らかとなったのである。文中、「内裏」は後花園天皇（一四一九～一四七〇）、「青丘大師」は元暁のことをいう。

十六日。晴。茶事東御方申㆓沙汰㆒如㆑例。内裏御絵返上。又一合被㆑下。八坂法観寺塔縁起絵三弓。聖廟御絵六巻。義湘大師絵四弓。青丘大師絵二巻被㆑下為悦。八坂絵殊勝画図也。[14]

もっともこのように巻数が変更された事情は、「義湘絵」第二巻に付された元亀元年（一五七〇）七月二十一日付の裏打ちによって窺える。

本是高山寺東経蔵之具也。先年兵乱之時。足軽共犾散。為㆑被㆓兵火㆒所々焼失了。□然坊人共拾集之間。此坊取㆓置之㆒。寺家有㆓再興㆒之時節。可㆑令㆓奉納被㆑蔵也。可㆑令㆑奉㆓納彼蔵㆒也。後世留守門人。可㆑得㆓其意㆒。不㆑可㆓敢私㆒。仍取㆓置之㆒也。

時元亀庚午七月廿一日　　□僧□性□[15]

本絵巻は天文十六年（一五四七）閏七月五日の細川晴元（一五一四～一五六三）の高尾城攻めの際、雑兵によって高山寺東経蔵から持ち出され、ところどころが焼失して散乱し、いったん散逸の危機に瀕していたのである。『厳助往年記』の記述「栂尾又同レ前十三重塔婆已下悉以二炎上一。諸坊一宇不レ残両寺滅却」[16]によれば、それは栂尾諸坊が壊滅状態に陥るほどの壮絶な兵乱であったらしい。

たしかにそれ以降、幾度となく復元作業が試みられてはいるのだが、決して往時の形態を取り戻すまでには至らず、逆にその修復過程において生じた錯簡が、さらなる混乱を惹き起こす結果となる。

まず栗原信充（一七九四～一八七〇）の『題跋備考』に載録される元和二年（一六一六）の目録によれば、すでにその半世紀後には全六巻の形態に戻されていたことが窺える。またそこには併せて絵を藤原信実が担当し、明恵（栂尾上人）草案の詞書を九条道家（一一九三～一二五二）、その第五子真言宗僧法助（一二二七～一二八四）、近衛兼経（一二一〇～一二五九）、西園寺公経（一一七一～一二四四）の四名が分担執筆したことも挙げられている。

華厳宗祖師絵伝六巻
御詞　栂尾上人
絵　　信実朝臣
御書　光明峯寺殿道家公
　　　岡屋殿兼経公、助筆北山殿公経公
　　　開田御室法助峯殿御子也

此内　法を敬重し云々　　　開田御室御筆
　　夜すでにあけて云々　　　同御筆
　　新羅国の大王云々　　　峯殿御筆
　　義湘の船既に唐に入云々　　　岡屋殿兼経公
　　すでに新羅にいたりて大師云々　　　同御筆、助筆公経公
右八巻之内二巻散乱。
　　　　　　元和二年七月改定菊淵・俊怡[17]

ところで亀田孜氏は、この全六巻の配分に関して「此内」として提示される執筆箇所冒頭の語句に着目し、「法を敬重し云々」が「元暁絵」第二巻、「夜すでにあけて云々」が現存する「元暁絵」第一巻、「義湘の船既に唐に入云々」が「義湘絵」第二巻、「すでに新羅にいたりて大師云々」が「義湘絵」第四巻のそれぞれの冒頭に相当している点、また「義湘絵」第三巻には原初より詞書が存在しなかったと考えられる点から、現存しない「新羅国の大王云々」の詞書を「義湘絵」第一巻冒頭の語句とされ、「義湘絵四巻、元暁絵二巻がこの時までの體裁であった」と推定されている[18]。すなわち「元暁絵」二巻の詞書を法助が執筆し、「義湘絵」四巻の詞書を九条道家、近衛兼経、西園寺公経の三名が執筆したとされているのである。しかし決してそうではない。

少なくとも『宋高僧伝』「唐新羅国義湘伝」の内容を検証するに、「義湘絵」に新羅国王が登場しているとは考えづらい。むしろ『光明真言土砂勧信記』に挙げられる元暁の略伝が、「新羅国大王のきさきの重病をうけたまへけるに[19]」の一文ではじめられていることなどからも、「新羅国の大王云々」

の詞書は欠失した「元暁絵」第一巻の冒頭部分に相当しているとみるべきである。

実際、「元暁絵」の詞書と『光明真言土砂勧信記』との関連性については、亀田氏ご自身も「詞書ができあがっていて勧信記にこれを引用したものかは明らかでないが、文章の態や和文の調子は同味であって」と論じられるなど[20]、今日では諸氏によってたびたび指摘されるところでもある。

また元来「元暁絵」第一巻の冒頭に存在したはずの元暁と義湘が唐へ向けて出発する場面、すなわち「義湘絵」第一巻の書き入れ「つかやにとまりたまふところ」までの十九紙分に相当する箇所は、晴元の兵乱によってまるまる欠失しており、両絵の比較によってこの箇所を一巻分と考えていたとしても何ら不思議ではない。

したがって、おそらく菊淵と俊怡は本絵巻の配分を以下の通り「元暁絵」三巻、「義湘絵」三巻とし、「元暁絵」の詞書を九条道家と法助親子が、「義湘絵」の詞書を近衛兼経と西園寺公経が担当したと位置付けていたのではなかろうか。

・「元暁絵」第一巻、冒頭詞書「新羅国の大王云々」
　絵・藤原信実　詞書・九条道家
　本来「元暁絵」第一巻の前半に相当（欠失）。
・「元暁絵」第二巻、冒頭詞書「夜すでにあけて云々」
　絵・藤原信実　詞書・法助
　本来「元暁絵」第一巻の後半に相当。
・「元暁絵」第三巻、冒頭詞書「法を敬重し云々」

絵・藤原信実　詞書・法助
本来「元暁絵」第二巻に相当。

・「義湘絵」第一巻、冒頭詞書（欠失）
絵・藤原信実　詞書・近衛兼経、あるいは西園寺公経、あるいはその両名
本来「義湘絵」第一巻に相当。

・「義湘絵」第二巻、冒頭詞書「義湘の船既に唐に入云々」
絵・藤原信実　詞書・近衛兼経
本来「義湘絵」第二巻と第三巻に相当。

・「義湘絵」第三巻、冒頭詞書「すでに新羅にいたりて大師云々」
絵・藤原信実　詞書・近衛兼経、西園寺公経
本来「義湘絵」第四巻に相当。

もっとも「八巻之内二巻散乱」として、もともと全八巻の構成であったとしていることを思えば、すでに多くの混乱が生じていたとみてよい。ましてや「元暁絵」二巻、「義湘絵」四巻の本来の構成すら明らかでない状況において、絵や詞書の担当者がどのようにして判明したのか、さらに問題視していく必要があるだろう。

そして、さらにそれから三十四年後の慶安三年（一六五〇）にまとめられた『篋入子六合目録』には、次のような記述が存在する。

義湘大師絵四巻　不足　今度調三巻了。重可レ調二本様一。

元暁大師絵弐巻　上下[21]

「元暁絵」三巻と「義湘絵」三巻の全六巻であった構成は、この時点において「元暁絵」二巻と「義湘絵」三巻の全五巻の構成に変更されているのである。おそらくわずかに残っていた詞書「新羅国の大王云々」に始まる「元暁絵」第一巻の冒頭部分、すなわち詞書「夜すでに明けて云々」以前の残存箇所は、この時期までに散逸したのではなかろうか。

なお「義湘絵」の配分に関して、あえて「重可㆑調㆓本様㆒」と付記されているところをみれば、本絵巻がもともと「元暁絵」二巻、「義湘絵」四巻の構成で作成されたものであることは、すでにこの時点において十分認知されており、今回の作業があくまでも暫定的なものであったことが窺える。加えてそれが明治十六年の修復作業の段階で、「元暁絵」三巻と「義湘絵」三巻の構成になっていたという事実は、それ以降も錯簡の修整に四苦八苦していたことを物語るものとしてよいだろう。

もっともこの錯簡の修整は、昭和十三年（一九三八）の八百谷孝保氏の論文「華厳縁起絵詞とその錯簡に就いて」によって一つの転機を迎えることとなる。八百谷氏は仏教史学の見地から本絵巻が『宋高僧伝』に立脚して作成されていることを指摘され、その修復作業の方法と成果の一端を発表されたのである。[22]

たしかに「元暁絵」に何ら関係のない善妙の所業に対する詞書を容認されている点など、この論文によっても完全な修整に成功したわけではなかった。しかし、その後も諸氏によって丹念な復元作業が継続されていった結果、今日では現存部分のすべての錯簡が解消されたと言ってよい。中でも小松茂美氏が『続日本の絵巻8、華厳宗祖師絵伝（華厳縁起）』に挙げられた両絵の「復原図表」は、きわめて精密なものとして評価されてよいだろう(23)。

また絵師や詞書執筆者の問題に関しても、早くに十九世紀の国学者黒川真頼(一八二九～一九〇六)が『考古画譜』に諸史料の紹介とその検証を行ない、前述した元和二年の菊淵、俊怡の目録を是とする方向で論じている。しかし、そこに提示されるすべての史料が『華厳宗祖師絵伝』作成時より四世紀以上も後世のものであり、加えて何らかの確固たる情報に立脚したものとも考えづらいため、現在ではそのすべての見解が疑問視される傾向にある。

華厳縁起六巻

古画類聚目録云。鳥羽僧正筆。栂尾高山寺蔵。

寺社宝物展閲目録(高山寺条)云。土佐光信筆。華厳縁起六軸。光信よりは時代古く見ゆ。最能画也。

〔補〕古画目録云。華厳縁起六巻。寺僧曰光信。恐非光信。時代は光信より古き歟。道の幸(高山寺条)云。華厳縁起六巻。詞は宸翰、絵は光信といふ。

倭錦云。栂尾華厳縁起六幅。筆者未定。

日次記事(六月廿二日栂尾宝物虫払条)云。土佐家所画。華厳大師縁起。云々。

躬行曰。此巻本寺華厳宗祖師絵伝と称し、画、信実朝臣。詞、明恵上人、仁和寺准后法尊、光明峯寺関白道家公といへり。

〔補〕貫雄曰。此絵光信は誤なり。画風を以て考るに光長に似たり。或云。画、信実朝臣。詞、岡屋関白兼経公。

〔補〕真頼曰。華厳縁起は華厳宗祖師絵伝ともいへり。もとは八巻のものなりしを、二巻紛失して六巻となれるもの也。その故はこの絵巻の添書に云はく。華厳宗祖師絵伝六巻、御詞、栂尾上人。絵、信実朝臣。御書、光明峯寺殿道家公、岡屋殿兼経公、助筆北山殿公経公、開田御室法助、峯殿御子也。此内、法を敬重し云々、開田御室御筆。夜すでにあけて云々、同御筆。新羅国の大王云々、峯殿御筆。義湘の船既に唐に入云々、岡屋殿兼経公。すでに新羅にいたりて大師云々、同御筆、助筆公経公。右八巻之内二巻散乱。元和二年七月改定、菊淵、俊怡と見えたるにてしるべし。(24)

むしろ今日では「元暁絵」の画風が『明恵上人樹上坐禅像』と酷似していることから、その絵師を成忍とする源豊宗氏の見解(25)が有力とされている。

一方「義湘絵」の絵師に関しても、「俊賀法橋は上人の生涯を通じて共にその意を酌んで図絵にあたり、殊に唐本をよく知っておって宋風俗などもこなすことができた画師であるのを考えると、成忍との共同制作という事も想定できる」として、俊賀法橋を推される龜田孜氏の見解(26)、および「この義湘絵制作のためには唐土の景観描写などに際しても、あらかじめ豊富な粉本画稿が用意されなければならない。そのような条件を無造作に満たし得る場所は宮廷絵所を措いてあるまい。つまりこれは招きに応じてしばしば内裏の絵所から栂尾に来往していた絵師兼康を措いて他に人はなかったのではなかろうか」として、兼康を推される小松茂美氏の見解(27)に絞られたと言ってよいだろう。

また詞書執筆者の問題に関しては、字体の鑑定などによる詳細な検証作業の結果、「結局元和記録の筆者群は、絵巻の調巻状態を後世に伝える役目は果たしたものの、筆者名はあくまで伝承筆者の範囲に留められるのではないだろうか」として、具体的個人名の特定はきわめて困難であると結論付けられる竹内順一氏らの見解[28]を妥当とすべきではなかろうか。

ところが、これらに対して肝要の制作動機については、「義湘絵」のみが具体的に指摘されているだけで、一方の「元暁絵」には何ら納得のいく解答が提示されていない。たとえば「義湘絵」の制作目的は、第一巻の「善妙、帰法の験は図絵に表はすに足れり。心ざしに含うめる深義は図絵を借るに便りなし。然れば聖教につきて略その大綱を示す。これ又、敬に依りて愛を成ずる余りなり」という詞書によって窺え、この一文について八百谷氏は、「本詞書は唯識倶舎の思想を以て善妙の所業を判じ、而して華厳宗に説く三生成仏に説き及んでゐるものであり、換言すれば一乗見聞の功徳に依り、女人成仏の事を善妙に事寄せて布教せんとしたものであろう」と論じられている[29]。

また同じく梅津次郎氏も、善妙神を祀る高山寺別院の平岡善妙寺には、承久の乱（一二二一）で敗れた朝廷側の妻妾が数多く隠れ住んでいたことから、「明恵にはみずからを義湘に比する自負と願望があった。善妙寺の尼公たちを鼓舞して華厳擁護の女神たらしめたい願望があった。それがすなわち善妙神奉祀の動機であり、また義湘絵制作の動機であった」と位置付けられている[30]。

なるほど喜海の『栂尾明恵上人伝記』には、「承久三年の大乱の時、栂尾の山中に京方の衆多く隠し置きたる由聞へければ、秋田の城の介義景此山に打入てさがしけり。狼藉の余り何とか思ひけん。大将軍泰時の朝臣の前にて沙汰有べしとて上人をとらへ奉て先きに追立て丶六波羅へ参けり」として、承久の乱に際して明恵が朝廷側の残党を匿った咎で六波羅探題へ連行されたという逸話が挙げられている[31]。

また善妙寺は、承久の乱の首謀者の一人として処刑された藤原宗行（一一七四～一二二一）の後室である戒光が、亡き夫の菩提を弔うために創建したものと伝えられており、前述『題跋備考』によれば、戒光の他にも明達、性明、禅恵などをはじめとする多数の戦争未亡人が居住していたことが指摘されている[32]。明らかに明恵や喜海にとって彼女らの済度はきわめて逼迫した重要課題だったのである。

一方、「元暁絵」に関しては制作動機を示した詞書も存在せず、これまで何ら具体的に論及されることがなかった。わずかに梅津氏が、明恵の『光明真言土砂勧信記』において元暁の略伝を挙げた後に続けられる一文「経文うたがふべからざるに、あはせてかゝる行徳不思議の大智の呪砂にあふをもて有縁とすとをほせられたる。たのもしきことにあらずや」に注目し、「この短い言葉は光明真言の加持土砂の功能の信ずべき根拠を、それを鼓吹せる元暁その人の行徳の内に求め、明恵はそれによって自らも信を深くし、且つ他人にも信ずべきことを勧めてゐるのである」と関連付けて論じられている程度であろう[33]。

たしかに今日「元暁絵」の制作動機が明瞭でないのは、識語があったと思われる冒頭部分が晴元挙兵の際に焼失したためであるとしてよい。しかしながら、本絵巻が視覚に訴えることによる啓蒙を目的に作成されたものである以上、この「元暁絵」の現存部分からも光明真言の土砂加持に関する何らかの描写や書き入れが確認されてしかるべきではないだろうか。

そもそも明恵の教化方法はあらかじめ論じる対象を明確にし、その上でそれぞれの対象に適応した文体や表現を使用している点に特徴がある。ある時は仮名書きできわめて平易に、またある時は漢文体できわめて専門的に論述しているのである。たとえば仮名書きで撰述された『光明真言土砂勧信記』には、次のように「三三摩耶」という難解な語句が雀に譬えられてわかりやすく解説されている。これはその最たるものと言ってよいだろう。

これは三三摩耶なんど申せば、こと〴〵しきやうなれども、ふかく仏徳を愛楽せば、すなはちわれらが身のしななるべし。三等の義につきて、まづ浅くいへば、すゞめのこにも、この三等の義あり。はじめには、かいごにして目鼻もなし。ちゝ母のすゞめが、かいごなりしくらゐにひとし。つぎには、かいよりいでゝ、め鼻あり。ちゝは、がかへりたりしくらゐなり。つぎにをとなすゞめになりて、子をまうけて、あたゝめあはれむ。ちゝは、とひとしくなるなり。此三重あひつぎてすゞめとなるなり。是れはすゞめの三三摩耶也[34]。

そのような観点から今一度「元暁絵」を通覧すると、朝鮮半島や中国において作成された元暁伝には決してみることのできないきわめて特殊な描写を確認することが可能となる。いかなることか、この「元暁絵」には元暁教学と直接関係のない智拳印を結ぶ人物の描写が、〔資料1〕のように六例存在するのである。智拳印とは両手の親指をそれぞれの掌中に入れて四指で握る金剛拳を結び、その状態から左の人差し指を立てて右手の掌中に入れた印相のことをいう。

もっとも智拳印を結ぶ人物の描写は、一方の「義湘絵」にも〔資料2〕の如く九例確認することができる。しかしながら、数多く描かれる僧侶の中で智拳印を結んだ姿が確認されるのは、「義湘絵」第一巻の書き入れ「元暁はかへり、義湘はなをすゝみたまふところ」の場面に描かれる元暁唯一例であり、そこに描写されている多くの僧侶が元暁の教義や行状に決して好意的でなかったことからも、これらの智拳印が元暁の民衆教化に起因するものであることは明言されてよいだろう。

資料1　「元暁絵」に描写される智拳印

①「元暁絵」第一巻の詞書「或時は巷間にと、まりて、歌をうたひ琴をひきて、僧の律儀をわすれたるかことし」の場面に描かれる童子。

②「元暁絵」第一巻の詞書「或時は経論の疏をつくりて、大会の中にして講讃するに、聴衆みななみたをなかす」の場面に描かれる聴衆の男性。

③「元暁絵」第一巻の詞書「愚昧の人ありて奏してまうさく、元暁法師その行儀狂人のことし、天下の名徳すくなきにあらす、厳重の御願に左やうの非人かならすしも御請あるへきにあらすと申せは、みかとも思え給ふ事なく志てと、まりぬ」の場面に描かれる童子。

④同じく基壇下の従者。

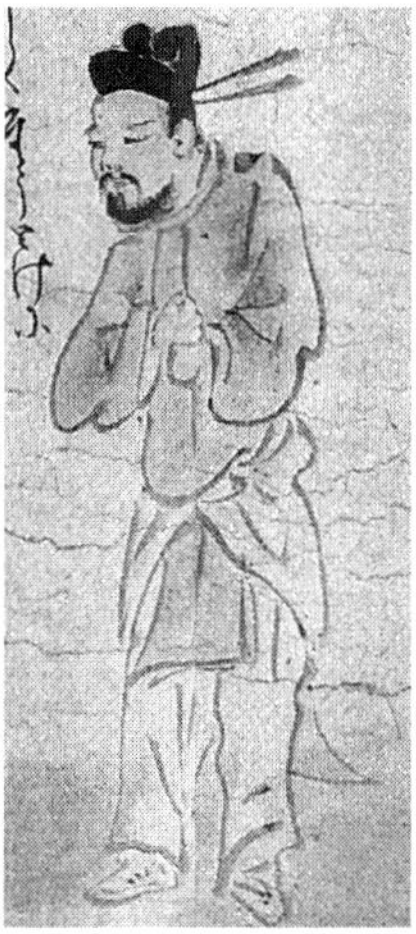

⑤「元暁絵」第二巻の書き入れ「大安聖者のもとへ経をつかはすところ」の場面に描かれる従者。

⑥「元暁絵」第二巻の詞書「すてに行幸なりて、講讃あるへき期にのそみて、そねみをなすひとこの疏をぬすみてけり」の場面に描かれる勅使。

資料2　「義湘絵」に描写される智拳印

①「義湘絵」第一巻の書き入れ「進発したまふところ」の場面に描かれる官人。

②「義湘絵」第一巻の書き入れ「元暁はかへり、義湘はなをすゝみたまふところ」の場面に描かれる元暁。

③「義湘絵」第一巻の書き入れ「かまへてとく御かへり候へ」の場面に描かれる官人。

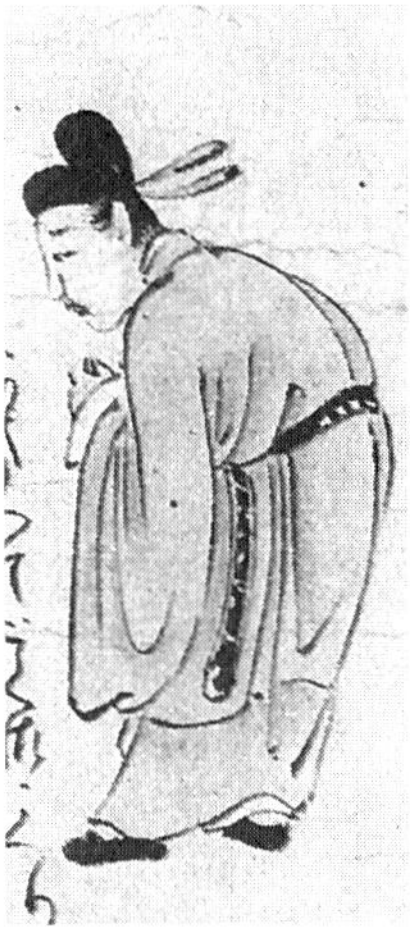

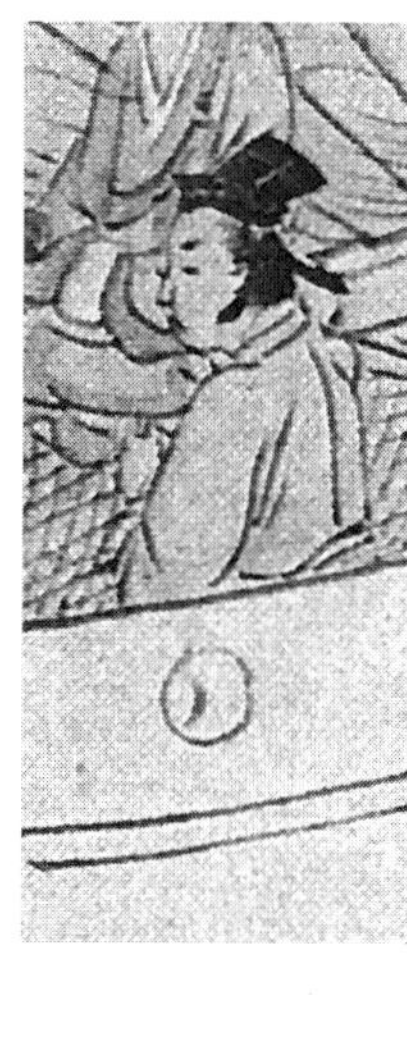

④「義湘絵」第一巻の唐へ向かう船上の従者。

⑤「義湘絵」第二巻の書き入れ「大師、すてに唐のつにつきたまふところ」の場面に描かれる従者。

⑥「義湘絵」第二巻の書き入れ「大師、人のかとにたちて、食をこひましますところ」の場面に描かれる高官。

⑦「義湘絵」第三巻の書き入れ「善妙、はこをすて、なきかなしむところ」の場面に描かれる高官。

⑧「義湘絵」第三巻の新羅へ帰国する船上の従者。

⑨「義湘絵」第四巻の書き入れ「大師、山寺にかはりゐて講説したまふところ」の場面に描かれる高官。

すなわちここにおいて元暁は、智拳印にまつわる何らかの教義を広く教化したものと位置付けられ、唐や新羅においてはその教義がすでに一般民衆にまで深く浸透していたことが象徴的に表現されているのである。ならばこの智拳印の描写には、どのような意味合いが込められていたのだろうか。次節において検証してみたいと考える。

元暁の民衆教化と智拳印

「元暁絵」二巻と「義湘絵」四巻の担当絵師は決して同一人物ではない。それは画風の相違だけではなく、両絵に介在する根本的な設定の相違からも指摘することが可能となる。たとえば「元暁絵」第一巻の書き入れ「元暁はとゞまり、義湘はすゝみ給所」の場面までと、「義湘絵」第一巻の書き入れ「元暁はかへり、義湘はなをすゝみたまふところ」の場面までは、求法のために唐を目指した元暁と義湘が、土龕での野宿をきっかけに行動を異にするという同内容が題材として扱われている。しかし両絵を具体的に比較すると、土龕に野宿する場面、元暁と義湘の別れの場面、そのすべてにおいて「元暁絵」が元暁と義湘の二人旅として描写されているのに対し、「義湘絵」はそれぞれの従者が帯同する四人旅として描かれているのである。

もっともこれらの相違により、両絵が何らの打ち合わせもなく作成されたとする八百谷孝保氏の見解(35)に賛同するのもいかがなものであろう。たしかに従者の有無に着目するかぎり、細部に至るまで厳密に徹底が図られたと言い難いのは事実である。しかし、少なくとも両絵において元暁は等しく浅

「元暁絵」第一巻の書き入れ「元暁はとゞまり、義湘はすゝみ給所」の場面

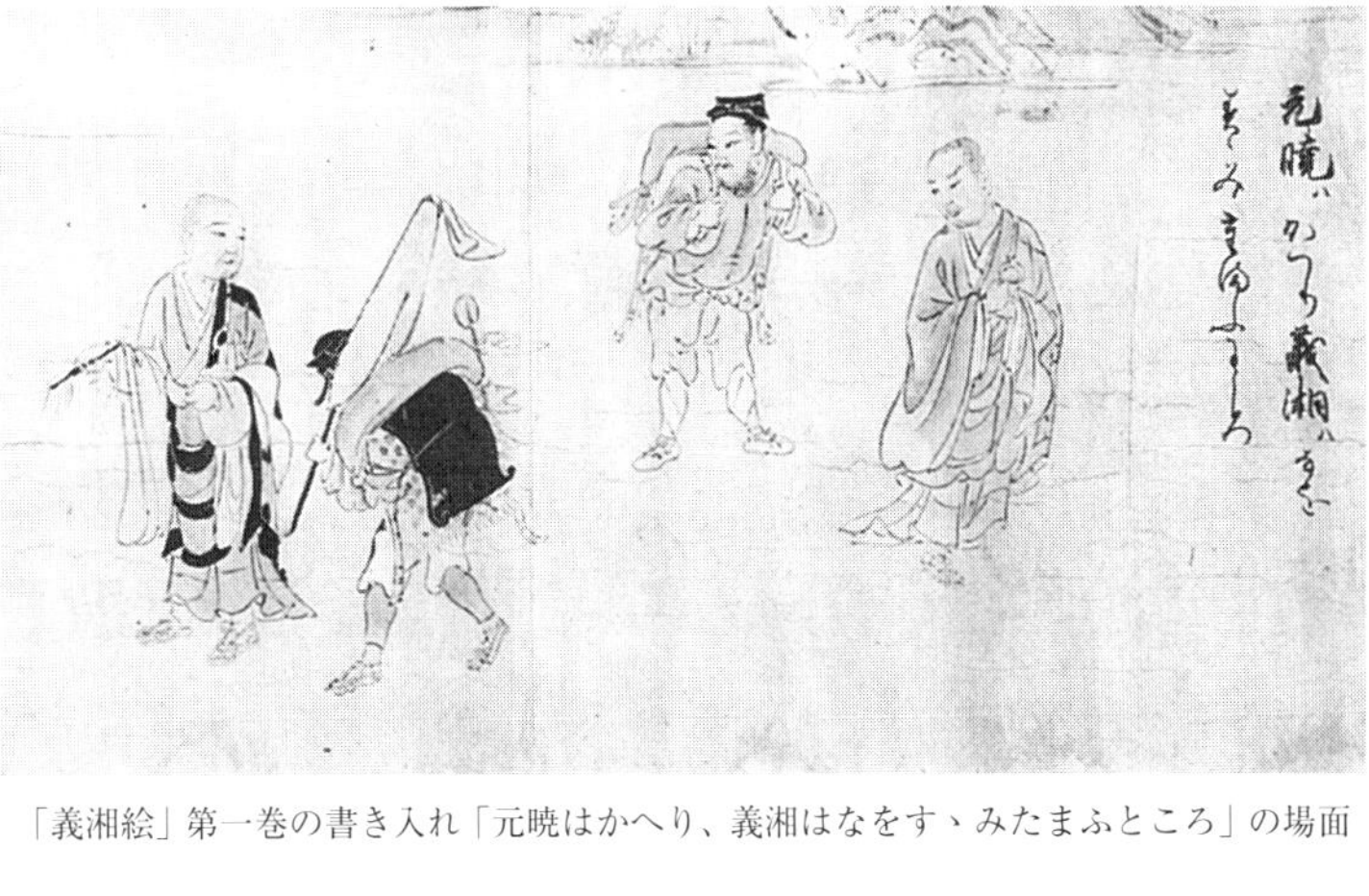

「義湘絵」第一巻の書き入れ「元暁はかへり、義湘はなをすゝみたまふところ」の場面

葱色の法衣と同系色の七条袈裟を着した姿で描かれ、義湘は元暁より多少色の薄い法衣と灰色台中に黒色縁地の七条袈裟を着した姿で描かれている。また智拳印を結ぶ民衆の描写が多数配置されているのも両絵全く同様である。筆者はこれらの整合性こそ、「元暁絵」と「義湘絵」が一括したコンセプトの下に企画されたものであることを窺わせる明瞭な根拠になると考えるのである。

しからば、いったい『華厳宗祖師絵伝』の企画者と目される明恵、あるいは喜海は、この智拳印によって何を表現しようとしたのだろうか。そもそも元暁は民衆仏教の先駆者として著名であるが、『三国遺事』「元暁不羈」の一文「使下桑樞瓮牖玃猴之輩。皆識二仏陀之号一。咸作中南無之称上。暁之化大矣哉[36]」によれば、その教化内容は称名念仏であったとされている。もっとも明恵や喜海がその具体的内容についてまで知る由もない。この『三国遺事』は両者が入滅した後に成立したものであり、「元暁絵」の典拠となった『宋高僧伝』「唐新羅国黄龍寺元暁伝」や「唐新羅国義湘伝」には、

同二居士一入二酒肆倡家一。若二誌公一持二金刀鉄錫一。或製レ疏以講二雑華一。或撫レ琴以楽二祠宇一。或閭閻寓宿。或山水坐禅。任レ意随レ機都無二定検一[37]。

初暁示レ跡無レ恒化レ人不レ定。或擲レ盤而救レ衆。或噀レ水而撲レ焚。或数処現レ形。或六方告レ滅。亦盃渡誌公之倫歟[38]。

と、また次のように記されるのみで、その教化内容にまでは論及されていないのである。

やはり本絵巻における智拳印の描写は、『宋高僧伝』の記述から元暁の教化内容と結び付けられたものではなく、別の何らかの根拠によって導き出されたものとみるのが妥当なのではないだろうか。この点について筆者は以下のように考えている。

言うまでもなく明恵が元暁教学の中で最も着目していたのは、当時、元暁の著述とされていた『遊心安楽道』に提示される光明真言の土砂加持についてである。ここには「問親遇二善縁一。預二九品生一。頻見二文義一。憤心雲披。若有二衆悪一。不レ識二修善一。已入二三途一。為下有二方便一。救中彼亡霊上。令レ除二業障一。生二極楽界一以不」という問いにより、亡者の極楽往生を可能とする最適の方法として光明真言の土砂加持が提示されている[39]。

もっとも明恵がこの問答から注目したのは、何も光明真言の土砂加持ばかりに留まるものではない。末尾の一文「幸逢二真言一。令レ出不レ難。凡百君子。誰不二奉行一。散二呪砂墓上一。尚遊二彼界一。況乎呪衣著レ身。聆レ音誦レ字矣」[40]などにも着目することにより、元暁の意図するところは広く光明真言信仰の吹聴にあったと位置付けているのである。

たとえば『光明真言土砂勧信別記』には次のように記述され、元暁の基本方針を「現世に真言」、「後世に土砂」と認識した明恵の見解が具体的に示されている。

> 然れば青丘大師信仰を勧めたまへる事は、其心自利利他を兼ねたり。必ずしも他人の墓に限らず。若し自利を兼ねば、没後には我は心識なり。必ずしも人に嘱ふべきにあらねば、兼ねて随身せんに、信仰の功徳弥ゝ深からん。有心の君子誰が奉行せざらんといへる詞、其心甚だ広し。必ずしも没後に人に契りをけとのみ云ふにはあらざるなり。此大意を得をはりて、深く信徳あらん人の、若し在生より随身せば、命も縮まり悪くやあるべきと云ふ。問をなさんに対して、現世の勝利を出すなり。此問答もうるさし。詮ずる所は現世に真言を持念し、後生に土砂の勝利を仰がれば、是勧信の本意なり[41]。

そしてその方向性は、『華厳仏光三昧観秘宝蔵』『不空羂索毘盧遮那仏大灌頂光明真言句義釈』『光明真言功能』『光明真言土沙義』『光明真言加持土沙義』『光明真言土砂勧信記』『光明真言土砂勧信別記』などの著述によって徹底され(42)、広く一切の罪障を除滅するものとして光明真言が宣揚されているのである。

『華厳一乗十信位中開廓心境仏仏道同仏光観法門』や『華厳仏光三昧観冥感伝』などの著述によれば、もともと明恵は李通玄（一説に六三五～七三〇）の提唱する仏光三昧を具現化するものとして光明真言に着目したらしい。容易に修することができるとして民衆に受け入れられた浄土教の隆盛に対抗し、難解な仏光三昧に相応する容易な実践法として光明真言を提示する。これにより華厳宗復興の活路を見出そうとしたのである。

仏光三昧とは、『華厳経』「如来光明覚品」に論じられる如来の放光によって信満成仏に至ることを目的とするものであり、李通玄は『新華厳経論』にその過程を次のように論じている。

為レ明レ因下如来放二十信中足輪下光一照中燭十方上。初云二一三千大千一。以次増広至二不可説法界虚空界一。為丙明二無尽一令下信心者。了中心境広大無尽無礙。与二法界虚空界一等上。明乙其自己法身智身願行亦等故甲。以二光所レ照覚悟信心一令二修行一故(43)。

これを受けて明恵は、冒頭に「此法最深秘密也。非二伝受修行人一者。輙不レ可レ持レ之。必莫二聊爾一而已」と特筆する秘書中の秘書『華厳仏光三昧観秘宝蔵』に、仏光三昧相応の真言として光明真言を提示し、「以レ何知二光明真言此仏光三昧相応真言一。若為レ有レ所二相承一乎」の質問を掲げて「答。談不レ輙載二別記一」と記述する(44)。

そしてあらためて「秘宝蔵一章也。依レ憚二他見一後日分為二別記一。努力努力莫レ漏二外聞一矣」と記す『華厳仏光三昧観冥感伝』に、明恵自身が実際に仏光三昧を修することによって得られた十種の好相や夢相を挙げる中、眼前に一尺ばかりの白き円光が、左方に一尺、二尺、三尺の白き円光が、右方に火聚のごとき光明が広がり、それがすなわち光明真言を具現化したものであるとの託宣があったとする九番目の好相を紹介しているのである。

予承久二年夏比。百余日修二此三昧一。同七月二十九日初夜。禅中得二好相一。所レ謂於二我前一有二白円光一。其形如二白玉一。径一尺許也。左方有二一尺二尺三尺許白色光明一充満。右方有下如二火聚一光明上。有レ音告曰。此是光明真言也(45)。

ところで『遊心安楽道』、さらには明恵が参照した『不空羂索神変真言経』や『不空羂索毘盧遮那仏大灌頂光真言』などには、光明真言相応の手印に関する記述が存在しない。それればかりか十三世紀初頭には幾多の変遷を経て多説が存在したようであり、明恵があえてこの問題に関して慎重にならざるを得なかったことが、『不空羂索毘盧遮那仏大灌頂光明真言句義釈』の末尾の一文「此真言本尊手印等。非三輙可二流布一故。別記載レ之」などからもみて取れる(46)。

この点について明恵は前述の『華厳仏光三昧観秘宝蔵』に、「此真言出二不空羂索神変真言経中一。不空三蔵別訳三彼一章一為二儀軌一。彼中不レ出二手印一。古来依二師説一用二三印一。一智拳印。二外五貼《ママ》印。三与願施無畏印」と定義し、経典などには明示されていないものの、既存の説として智拳印、外五鈷印、与願施無畏印の三種を挙げている。そしてさらにそれぞれを「約能成仏身説」に当てて法身印、報身印、応身印に配し、また「約所成功徳説」に当てて大智印、大定印、大悲印に配しているのである。[47]

このうち、与願施無畏印については「経文雖レ正不レ出二此真言本印一。諸仏説二此真言一時伸二右無畏手一」と、諸仏が光明真言を説くときに右手を施無畏印に結んでいることをその理由とし、具体例として『遊心安楽道』にも取り上げられた『不空羂索神変真言経』第二十八巻の一文「爾時十方一切刹土。三世一切如来。毘盧遮那如来。一時皆伸二右無畏手一。摩二清浄蓮華明王頂一」を引いている。[48]

加えて明恵は「又今依二真言意一用二三印一」として真言の意から宝印、蓮華印、智拳印の三種を掲げ、この三印は「オン、アボキャ、ベイロシャノウ、マカボダラ、マニ、ハンドマ、ジンバラ、ハラバリタヤ、ウン」という光明真言のうち、それぞれ「マニ」「ハンドマ」「ジンバラ」の句に相当するものであり、大如意宝大灌頂秘密曼拏羅印、一切如来大蓮華種族大摩尼宝曼拏羅印、不空毘盧遮那如来大光明印の三つに、また大摩尼種族、大蓮華種族、大金剛種族の三つに配することが可能であるとしている。

そしてそれらの印の中から離釈によって外五鈷印と智拳印の二種を総印とし、

又用二総印一時。三中随一各皆可レ用レ之。但此真言有二五智円満義一故。依二前説中一。五鈷《ママ》印為二総印一。又以二智拳印一為二総印一。[49]

合釈によって八葉蓮華印を総印と位置付けているのである。

若依二合釈一者。可レ言二不空毘盧遮那大印宝蓮華光明一也。蓮華者理也。光明者智也。以二此理智一為二不空大印体一也。其総印可レ用二八葉蓮華印一。[50]

中でも智拳印は、『大乗本生心地観経』を典拠として引導無上菩提第一智印、能滅無明黒闇大光明印、毘盧遮那如来無尽福聚大妙智印の三名を有すとされ、また蓮華義、光明義、摩尼義の三義、「マニ」「ハンドマ」「ジンバラ」の三句をことごとく具足するものとして特に詳細に論じられている。

しからば『華厳宗祖師絵伝』に描かれる智拳印は、いずれも光明真言を唱える姿を描写したものと位置付けることが可能となるのではないだろうか。『遊心安楽道』には『不空羂索神変真言経』の「若有二衆生一。随処得レ聞二此大灌頂光真言一。二三七遍経二耳根一者。即得レ除二滅一切罪障一」という一文も引かれており[51]、決して光明真言の土砂加持ばかりが問題とされているわけではない。戦乱や飢饉が続く不安定な情勢の中、光明真言信仰の啓蒙には亡者の極楽往生を可能とする利他行（光明真言の土砂加持）よりも、むしろ自身の一切の罪障を除滅する自利行（光明真言）を前面に押し出すほうが効果的であったのだろう。

筆者はそのような観点からも、いかに元暁の教導によって光明真言が民衆に浸透していたかを象徴的に表現するこれら智拳印の描写こそ、「元暁絵」の制作意図を如実に物語るものであったと考えるのである。

もちろん元暁は結果的に朝鮮半島を一歩たりとも離れることがなかった。そのため「義湘絵」にみられる唐の民衆が結ぶ智拳印の描写は、何ら元暁の教化活動とは関係がないと疑問視される方もおられよう。しかし明恵や喜海にとって『遊心安楽道』はあくまでも光明真言信仰の啓蒙を主眼とした著述であり、この著述の広播によってその教導が遠く唐にまで及んでいたと考えることは、むしろ我が国における一般認識だったのである。

おわりに

我が国において光明真言の土砂加持は、『不空羂索神変真言経』『不空羂索毘盧遮那仏大灌頂光真言』『毘盧遮那仏説金剛頂経光明真言儀軌』の一経二軌を典拠とし、浄土教学と不可分の関係を有しながら最も一般的な密教的修法の一つとして普及した。

仏教界は言うに及ばず、十世紀末には源信（九四二～一〇一七）や慶滋保胤（?～一〇〇二）を中心に二十五三昧会が結成されるなど、それはやがて貴族社会や一般社会にも浸透することとなる。二十五三昧会は二十五人の同志を結集して毎月十五日の夜に不断念仏を勤修し、自他共に極楽へ赴かんことを目的とするものであり、慶滋保胤の『横川首楞厳院二十五三昧起請』には「可下念仏結願次誦二光明真言一加中持土砂上事」との条目が挙げられている。[52]

また下って江戸期においては、不空羂索心王母陀羅尼を誦持すれば得られる二十八の功徳のうち、二つ目として挙げられる「身膚細軟姝悦妙好」[53]という一面が、早桶（座棺）の普及と相俟って光明真言の功徳と混同し、光明真言で加持した土砂を撒布すれば硬直した遺体が柔軟になって納棺を容易にするという俗信を生じさせるに至った。

そしてその俗信はやがて一文化をも形成し、以下の文芸作品を産出することになる。

○川柳風狂句集『誹風柳多留』（一七六七）三篇

土砂の入る往生をする衣川[54]

○滑稽本『東海道中膝栗毛』（一八〇二）六編下
さんけいの人「コリヤわしがちゑかそわいの。何じやろと、あんさんの骸を和らかにして引出すがよかろさかい、こうさんせ。土砂とて来てかけさんせいの。」いなかもの「すんだら土砂のウぶつかけずと、一ばんの桶さア買てきなさろ。手足をちとべしおんまげたら、はいるべいのし。」
弥次「エ、いめへましいことをいふ。むだ所じやアねへ。北八、はやくどふぞしてくれぬか。(55)」
○歌舞伎『其往昔恋江戸染』（一八〇九）序幕吉祥寺の場
武兵衛「エ、いまく〵しい八百屋の後家めが、急にこねたとぬかすから、死人と見せてお七を逃す手段と思いのほか、コリャ正真の死人に口なし。しゃちばり返ったは蘇生したのか、たゞしまた察するところ魔がさしたか、何はともあれ稀有な亡者め……。イヤく〵こんなに掛かり合っちゃアいられない。アノお七めを、そうだく〵。」

ト行こうとする。長兵衛立ちふさがって邪魔になる事。これよりおかしみ合方、題目太鼓をかぶせたる鳴物になる。両人おかしみ、角力の立ち廻り、よろしくあって、トゞ武兵衛押し倒され、思入れあって、紙入より土砂を出し、
武兵衛「エ、しつこい亡者め。よいワく〵、幸いこ、にこの土砂がある。忽ちおのれを成仏させてくれよう。」

ト長兵衛の躰へ土砂をかける。ぐんにゃりとなる。

武兵衛「イヤこいつは奇妙だ。アレ程つっぱった死人め、この土砂をふりかけたら、忽ちぐん

にゃり、ハテ土砂のきゝめはどんなものじゃ。ハハ、、、。」
トやはり右の鳴物、長兵衛、土砂をとってそろ〳〵と武兵衛の後ろから土砂をふりかける。武兵衛ぐんにゃりとなる。(56)

一つ目『誹風柳多留』の一句は、衣川の合戦で全身に矢を浴びて立ったまま壮絶な死を遂げた大男弁慶（?～一一八九）の納棺には、さぞかし多量の土砂が必要だったことだろうとの内容を詠った句である。二つ目十返舎一九の『東海道中膝栗毛』は、京都東山方広寺大仏殿の柱に空けられた穴をくぐろうとした弥次郎兵衛が途中で抜けられなくなり、参詣者や田舎者などに揶揄される場面である。三つ目『其往昔恋江戸染』は、文化六年（一八〇九）、江戸森田座により上演されたいわゆる「お七狂言」の一種で、亡者のふりをした紅屋長兵衛と追手釜屋武兵衛が互いに土砂を掛け合って、そのたびに「ぐんにゃり」となる場面であり、戸板康二氏は「今日この脚本が上演されるのはお七のためではなく、むしろ吉祥寺にお土砂のギャグがあるゆえであろう」と述べられている。(57)すなわちいずれの作品においても、光明真言で加持した土砂を撒布すれば身体が柔軟になるとする概念は、何ら説明もないまま当然万民に認知されているものとして扱われているのである。

さらにフランス人旅行者シャンパンティエ・コシーニュや元長崎出島オランダ商館長イザーク・ティーチングは、この日本の奇妙な埋葬法に着目して実際に実験を行ない、それぞれ『ベンガル航海記』（一七九九）、『日本風俗図誌』（一八二二）にその結果を報告している。ここではそのうち、ティーチングの報告を提示しておく。

実験は一七八三年の十月に行われた。その時の寒さは既に相当厳しかった。若いオランダ人が出島で死んだので、私は死体が全く硬くなるように、死体を洗って一晩中開いた窓の前に置いた机の上に置いて、外気にさらすようにと医者に命令した。翌朝、数人の日本人と商館員数人と私自身とで死体を調べに行った。すると死体は木片と同じくらいに硬くなっていた。善兵衛という阿蘭陀通詞が懐から三徳、すなわち紙入れを取り出した。そしてその中から砂に似た粒の粗い粉末のいっぱいに入った長方形の紙切れを取り出した。これがあの有名な土砂の粉であった。善兵衛はその一つまみを死体の耳に入れ、もう一つまみを鼻孔に、そして三つ目の一つまみを口に入れた。するとやがてこの薬の影響によるのか、あるいは私に見破れなかった何か別のトリックがあってのためか、とにかくそれまでは胸の所で組ませてあった腕が、ひとりでに下に垂れた。そして時計で計って二十分もしないうちに死体は全く柔らかさを取り戻した(58)。

ただしティーチングはこの遺体に生じた現象を土砂の化学的性質によるものであるとして、その霊験性については非常に懐疑的に論じている。また本書には、光明真言によって加持した土砂を煎じたお湯を飲めば、安産や眼病、さらには滋養強壮にも効力があると信じられていたことなども併せて挙げられている。これらの事例は我が国において光明真言の土砂加持が独自の発展を遂げていった証左として挙げられよう。

ならば、かつて亡者の極楽往生を可能にする方法として着目されていた光明真言の土砂加持が、いかなる経緯によってこのような独自の発展を遂げるに至ったのであろうか。筆者はその変容に、『遊心安楽道』を媒介として構築された明恵の光明真言信仰が深く介在していたと考えている。

明恵はこの著述によって元暁の真意は光明真言信仰の啓蒙にあったと理解し、さまざまな功徳を加増させて広く光明真言を教化するに至った。それは利他行に類される光明真言の土砂加持自体にも自利行としての側面を容認するなど、その典拠としていた不空羂索経典や『遊心安楽道』の位置付けをも大きく逸脱するものであった。たとえば『光明真言土砂勧信別記』には、「彼の前記に載する所の、箭跡に湛ふる水、病人の良薬と成り、双輪に触る砂、羅刹の苦痛を除くが如きは、仏記に此詞なし。唯衆生の信心の所感なり。此土砂現生の利益も亦是に準へて知るべし(59)」という論理が挙げられている。もともと仏光三昧を具現化するものとして光明真言に着目した明恵教学の特殊性と言ってよいだろう。

はたしてそうであるならば、明恵が認識していたように元暁は本当に光明真言を教化し、新羅においては広く光明真言が民衆に至るまで一般化していたのだろうか。もちろんその答えは明らかに否である。前述のように『遊心安楽道』は元暁滅後に日本で撰述されたものであり、朝鮮半島においては近年に至るまで『遊心安楽道』が存在したという事例も、光明真言の土砂加持が着目されたという事例も全く確認することができない。すなわち光明真言は元暁仏教学とも新羅仏教学とも全く無縁のものであり、すべては『遊心安楽道』の存在によって生じた我が国における妄信だったのである。

そもそも明恵が元暁の行状を知り得た唯一の媒体『宋高僧伝』には、元暁の教化内容に関して何ら明瞭に述べられていない。たしかに『三国遺事』「元暁不羈」にはその内容が称名念仏であったことが明示されているのだが(60)、この『三国遺事』は十三世紀終わりの高麗で編纂されたものであり、我が国へ伝えられたのはさらにそのはるか後のことである。つまるところ、『遊心安楽道』が元暁仏教学を代表する著述であると位置付けられ、また限定された情報から元暁像を構築しなければならなかった我が国において、『華厳宗祖師絵伝』にみられるような元暁像の密教的変容はきわめて必然的なものだったのである。

註

（1）『海東高僧伝』「釈円光」（『大正新脩大蔵経』五〇巻、一〇二一頁b）。
（2）『三国遺事』「皇龍寺九層塔」（『大正新脩大蔵経』四九巻、九九〇頁c）。ただし契日や女真が脅威となるのは後世のことであり、この九つの敵国の設定について異論があるのも事実である。
（3）『大正新脩大蔵経』五〇巻、七二九頁a。
（4）『大正新脩大蔵経』五〇巻、七三〇頁b。
（5）鎌田茂雄『朝鮮仏教史』（東京大学出版会、一九八七年）七七頁。
（6）『三国史記』（朝鮮古書刊行会、一九〇九年）六六九頁。また『続日本紀』宝亀十一年（七八〇）正月六日条に「壬申。授新羅使薩飡金蘭蓀正五品上。副使級飡金巌正五品下。大判官韓奈麻薩仲業。少判官奈麻金貞楽。大通事韓奈麻金蘇忠三人。各従五品下。自外六品已下各有㆑差。並賜当色幷履」の関連記事。
（7）『大正新脩大蔵経』四九巻、一〇〇六頁b。
（8）註（3）。
（9）『大正新脩大蔵経』五〇巻、七三〇頁a。
（10）『大正新脩大蔵経』五〇巻、七三〇頁a。
（11）『大正新脩大蔵経』五〇巻、七二九頁a。
（12）『大正新脩大蔵経』五〇巻、七二九頁a。
（13）『光明真言土砂勧信記』（『真言宗安心全書』下巻、一七頁）。
（14）『続群書類従』補遺二、『看聞御記』下、一一四頁下。
（15）黒川真頼『訂正増補考古画譜』（『黒川真頼全集』一巻、国書刊行会、一九一〇年）上巻、一四九頁。また龜田孜「華厳縁起について」（『日本絵巻物全集7、華厳縁起』、角川書店、一九五九年）挿絵3や、金沢弘「『華厳宗

祖師絵伝』成立の背景と画風」(『日本絵巻大成一七、華厳宗祖師絵伝(華厳縁起)』、中央公論社、一九七八年)七九頁に写真が掲載される。

(16)『改定史籍集覧』二五冊、三八五頁。『厳助往年記』は醍醐寺理性院の厳助が、自身の生年明応三年(一四九四)から永禄六年(一五六三)までの事件や出来事を年代別にまとめたものである。

(17)『題跋備考』は栗原信充が天保十年(一八三九)に高山寺などを調査し、承平六年(九三六)から天福元年(一二三三)までの古写経十七種の識語、跋文を模写、検証したものである。慶応大学などに明治期の写本、京都大学などに大正期の写本が存在する。

(18)亀田註(15)前掲論文、六頁上。また金沢弘氏も同様の見解を述べられている。金沢註(15)前掲論文、七九頁。

(19)『真言宗安心全書』下巻、一七頁。

(20)亀田註(15)前掲論文、七頁下。

(21)森暢「蛙の言葉」(『日本美術協会報告』五一輯、一九三九年)四頁下。

(22)八百谷孝保「華厳縁起絵詞とその錯簡に就いて」(『画説』一六号、東京美術研究所、一九三八年)参照。

(23)小松茂美「『華厳宗祖師絵伝』の製作の背景――明恵の新羅僧二人への追慕――」(『続日本の絵巻8、華厳宗祖師絵伝(華厳縁起)』、中央公論社、一九九〇年)九四頁。

(24)金沢註(15)前掲論文、七九頁。

(25)源豊宗「明恵上人の画像と其の筆者とに就いて」(『歴史と地理』二七巻、山川出版社、一九三一年)参照。

(26)亀田註(15)前掲論文参照。亀田氏は「義湘絵」の画風が絵所のものとは別手のものであるとして兼康説を否定されている。

(27)小松註(23)前掲論文参照。

(28)竹内順一「『華厳宗祖師絵伝』詞書の書風について」(『日本絵巻大成一七、華厳宗祖師絵伝(華厳縁起)』、中央公論社、一九七八年)参照。もっとも竹内氏と同様に、詞書執筆者の特定が困難であると保留されている研究者は多数存在する。

(29)八百谷註(22)前掲論文、三二三頁。

（30）梅津次郎「華厳縁起――二人の新羅僧の恋と修行の物語――」（明恵上人と編集委員会『明恵高山寺上人と高山寺』、同朋舎、一九八一年）三三六頁。
（31）『国文東方仏教叢書』第五巻、二九七頁。
（32）栗原信充は、戒光を藤原宗行の妻（藤原兼光の女）、明達を源広綱の妻、性明を藤原基清の妻、禅恵を藤原定経の女（順徳天皇乳母）としている。
（33）梅津次郎「義湘、元暁絵の成立」（『美術研究』一四九号、国立博物館附属美術研究所、一九四八年）一七五頁上。『光明真言土砂勧信別記』の一文は（『真言宗安心全書』下巻、一八頁）にみられる。
（34）『真言宗安心全書』下巻、三三頁。
（35）八百谷註(22)前掲論文、三三一頁。八百谷氏は両絵が何ら打ち合わせもせず、個別に作成されたものである根拠として、三つの点を挙げられている。第一に両絵の冒頭が重複する同様の内容であること、第二に「元暁絵」に全く関係のない善妙の所業に対する批判が挙げられていること、第三に両絵の題材は個別のものであることがそれである。もっとも第二点で指摘された箇所は、「義湘絵」に編入されるべきであろう。
（36）『大正新脩大蔵経』四九巻、一〇〇六頁b。
（37）註(9)。
（38）『大正新脩大蔵経』五〇巻、七三〇頁b。
（39）『大正新脩大蔵経』四七巻、一一九頁b。来迎院所蔵本第二十九紙。
（40）『大正新脩大蔵経』四七巻、一一九頁c。来迎院所蔵本第三十紙。
（41）『真言宗安心全書』下巻、六二頁。
（42）それぞれの著述は『華厳仏光三昧観秘宝蔵』（『大正新脩大蔵経』七二巻）、『不空羂索毘盧遮那大灌頂光明真言句義釈』（『大正新脩大蔵経』六一巻）、『光明真言加持土沙義』（『真言宗安心全書』下巻）、『光明真言土砂勧信記』（『真言宗安心全書』下巻）、『光明真言土砂勧信別記』（『真言宗安心全書』下巻）、『華厳一乗十信位中開廓心境仏仏道同仏光観法門』（『大日本仏教全書』一三巻）、『華厳仏光三昧観冥感伝』（『日本大蔵経』四二巻）に所収される。

(43)『大正新脩大蔵経』三六巻、八一八頁b。
(44)『大正新脩大蔵経』七二巻、九四頁a。なお冒頭の一文は、『大正新脩大蔵経』七二巻、八七頁cや同、九三頁cに記されている。
(45)『日本大蔵経』四二巻、一四一頁上。
(46)『大正新脩大蔵経』六一巻、八一〇頁b。
(47)『大正新脩大蔵経』七二巻、九五頁a。
(48)『大正新脩大蔵経』二〇巻、三八四頁c。
(49)『大正新脩大蔵経』七二巻、九五頁c。
(50)『大正新脩大蔵経』七二巻、九五頁c。
(51)『大正新脩大蔵経』四七巻、一一九頁b。来迎院所蔵本第三十紙。また『不空羂索神変真言経』の一文は、『大正新脩大蔵経』二〇巻、三八五頁cにみられる。
(52)『大正新脩大蔵経』八四巻、八七八頁c。
(53)『大正新脩大蔵経』二〇巻、二二八頁c。
(54)『日本古典文学大系五七、川柳狂歌集』(岩波書店、一九五八年)八六頁。
(55)『日本古典文学大系六二、東海道中膝栗毛』(岩波書店、一九五八年)三四八頁。
(56)『名作歌舞伎全集第十五巻、江戸世話狂言集一』(東京創元社、一九六九年)一六一頁。
(57)戸板康二「解説」註(56)一三〇頁。
(58)沼田次郎訳『ティチング日本風俗図誌』(雄松堂、一九七〇年)四一五頁。もっともコシーニュは、「すでに冷たくなった死体に土砂を二回分ないし三回分の量を用いて試してみた。そしてそれらの死体がそれまでと同じように硬かったということを告白せねばなるまい」と述べており、両者の実験結果は相反している。コシーニュの実験結果については『ティチング日本風俗図誌』の四三七頁「補注」を参照。
(59)『真言宗安心全書』下巻、五七頁。
(60)註(7)。

〔付記〕

本章では「義湘絵」にみられる智拳印の描写を計九例としている。もっとも結印という観点からすれば、今一例、「義湘絵」第三巻に描写される「新羅への帰途につく義湘を至相寺山門にて見送る青年僧」も挙げられてよい。ここには合掌する老僧智儼と、何らかの印相を結ぶ青年僧が描かれているのだが、青年僧の描写がななめ後方からのものであるため、その印相が明瞭に判別できないのである。

かつて筆者が主催する勉強会「新羅仏教研究会」において本絵巻を研究テーマとして取り上げたとき、論争の中心となったのも、やはりこの「青年僧の印相」についてであった。研究会において筆者は青年僧を法蔵、印相を智拳印であるとし、本場面が「華厳教学隆盛による仏国土建設を思い描いて新羅へ帰国する義湘を、華厳宗二祖智儼と三祖法蔵が見送るという『華厳宗祖師絵伝』を象徴するシーン」である可能性を提言した。

法蔵は智儼のあとを継いで華厳宗を大成した人物であり、義湘とは同時期に至相寺で学んだ兄弟弟子の関係にある。義湘帰国後も両者の親交は続いていたようであり、多数の研究者によって教学的影響などが指摘されているほか、法蔵が義湘へ送った書簡も高麗義天の『円宗文類』に掲載されている。さらに言うなら明恵はこの法蔵の書簡に関心を寄せていたらしく、自ら書写して所持していたことも明らかなのである。義湘と法蔵の関係は明恵の周囲においても周知の事実だったとしてよいだろう。

もっとも法蔵が光明真言を唱えて義湘を見送ったとする位置付けは、あくまでも推測の域を脱しておらず、何ら詞書や書き入れなどの具体的根拠が存在するわけではない。この点については研究会の出席者からも、「智拳印ではなく、ほかの印相のようにもみえる」「青年僧を法蔵とする積極的な根拠がない」などの意見が提示され、さらなる検討の余地があると思われることからも、あえて本章においては論及すべき対象から除外した。この「青年僧」と「印相」の問題については今後も研究課題にしていきたいと考えている。

（二〇〇五年十一月四日記）

第五章　『浄土三国仏祖伝集』における元暁像の変容

はじめに

『遊心安楽道』は十一世紀後半の叡山に突如出現して以降、我が国においては広く元暁仏教学を代表する著述であると位置付けられ、必然的に『遊心安楽道』に起因する元暁像の変容が生じることとなった。前章に論じた光明真言信仰を広播した先駆者としての元暁像は、その顕著な例と言ってよいだろう。しかしその変容は何も密教面ばかりに留まるものではない。浄土教面においても十分に確認することが可能となるのである。

たとえば浄土宗の聖聡（一三六六～一四四〇）により応永二十三年（一四一六）に編纂された『浄土三国仏祖伝集』には、震旦浄土三流として次の相承系譜が提示され、［元暁―迦才］の相承が導き出されている。

【震旦浄土三流】

・恵《ママ》遠一流［天竺仏図澄大師―弥天道安法師―盧山恵《ママ》遠法師―道場法師―恵《ママ》慈法師］
・慈愍一流［元暁法師―加《ママ》才法師―慈愍三蔵―智円法師―慈雲法師―了照法師］

・道綽善導両流［流支三蔵―慧寵法師―道場法師―曇鸞法師―大海法師―法上法師］
［菩提流支―曇鸞法師―道綽禅師―善導大師―懐感禅師―少康法師］(1)

相承とは師匠から弟子へと法脈を継承することであり、面授口訣によって奥義が伝えられたものを直受相承（他に口訣相承、知識相承）、経巻や夢告によって伝えられたものを依用相承（他に経巻相承、超越相承）という。

たしかに『遊心安楽道』と『浄土論』との思想的類似性に着目すれば、「元暁―迦才」や「迦才―元暁」の依用相承を導き出すことも可能かもしれない。『遊心安楽道』は『浄土論』の「浄土宗意。本為二凡夫一兼為二聖人一」という方針の下に論述されたものであり、何よりも全文の五分の一が『浄土論』からの転載によって占有されている。

しかし聖聡は決して「元暁―迦才」の関係を依用相承と位置付けていたわけではない。次のように元暁（六一七～六八六）が入唐を遂げて終南山悟真寺に居住し、面授口訣によって迦才に法灯を伝えたとすることにより、直受相承であると断じているのである。

次迦才和尚者。初三論宗学二諸典一。後帰二浄土宗一。而撰二浄土論三巻一。弘二通宗門一行二勧化一。彼論云。此一宗窃以為二要路一。已上。此其証也。遂至二終南山一。礼二悟真寺元暁大師一。嗣法登二祖位一。普行二勧化一。建二伽藍一号二弘法寺一。門僧一千余人。其住居六時不断。勅諡二浄土大師一。已上。(2)

もっとも『宋高僧伝』（九八八）によれば、唐総章二年（六六九）に後輩義湘（六二五～七〇二）とともに唐を目指した元暁は、道中での野宿の際、夢中に鬼が出現するのを見て「三界唯一心。心外無二別法一」の道理を悟り、一人入唐を取り止めて帰国の途に就いたとされている。(3) 前章に論じたように、これらの逸話は我が国においても『華厳宗祖師絵伝』が作成されるなど、広く知られるところであった。

たしかに『宋高僧伝』以外にも、元暁と義湘の入唐求法の顚末を伝える史料はいくつか存在する。たとえば高麗僧一然（一二〇六～一二八九）によって編まれた『三国遺事』（十三世紀末から十四世紀初頭）の「義湘伝教」によれば、元暁と義湘は二度にわたって唐を目指したことになっており、一度目は高句麗において間諜の嫌疑により十日間にわたって拘束され、断念せざるを得なかったという逸話が挙げられている。

未三幾西図二観化一。遂与二元暁一道出二遼東一。辺戍邏之為諜者。囚閉者累レ旬。僅免而還。永徽初。会三唐使舡一有二西還一者。寓載入二中国一。(4)

しかし十五世紀初めの我が国に、元暁が入唐を放棄したという事実を覆すような確固たる史料が存在したとは考えづらく、また「元暁―迦才」という師弟関係を提示しているものも前例がない。聖聡は明らかに何らかの目的によって、元暁入唐説や「元暁―迦才」の相承を捏造したとしか考えられないのである。

もちろんこれまでこのような疑問の多い元暁伝に関しては、史実を逸脱することが明白であるとして取り上げられることすらなかった。たとえば本井信雄氏は「他に徴すべき史料がないにもかかわらず、迦才が元暁を礼して嗣法せる旨を説く一段のごときは、おそらく聖聡が『遊心安楽道』と迦才『浄土論』の内容より推して私に伝記したもので、迦才を元暁の弟子のごとく取り扱ったのは、『選択集』教相章の宗名の証権として引く記述の順序を、そのまま両師の時代的前後と解するより出た説と推考され、何ら取るに足らないものと云わねばならぬ」と断じられている。(5) 同様に道端良秀氏も「この著者は歴史的事実においては全く無頓着にして、噴飯すべきものである」と全くにべもない。(6)

しかし、はたしてそうであるならば、聖聡はなぜこのような史実と相違する元暁像や相承系譜を提示する必要があったのだろうか。本章ではあえてその虚偽捏造の背景について検証してみたいと考える。

浄土宗の相承問題

『浄土三国仏祖伝集』は浄土宗の相承次第の明示をその撰述目的とし、以下の系譜を骨子としている。

【天竺四祖】

［馬鳴菩薩―龍樹菩薩―天親菩薩―流支三蔵］

【震旦八祖】

［廬山恵《ママ》遠法師―玄忠曇鸞法師―大宗慈愍三蔵―西河道綽禅師―光明善導大師―千福懐感禅師―大唐法照禅師―烏龍山少康法師］

【日本五祖】

［行基菩薩―空也上人―源信僧都―永観律師―法然上人］

【智識（直受）相承六祖】

［天親菩薩─流支三蔵─曇鸞法師─道綽禅師─善導大師─法然上人］

【経巻（依用）相承八祖】

［馬鳴菩薩─龍樹菩薩─天親菩薩─流支三蔵─曇鸞法師─道綽禅師─善導大師─法然上人］

【源空上人四箇流】

・鎮西聖光上人・小坂善恵上人・長楽寺隆覚・渡野辺成覚

【鎮西流然阿上人六箇流】

・関東三箇──・白幡寂恵上人・尊観上人・性心上人

・京都三箇──・慈心上人・礼阿上人・道光上人

【西山流義善恵上人四箇流】

・東山観鏡上人・深草隆信上人・嵯峨浄金剛院・西山浄音上人(7)

十五世紀当時、浄土宗は内外のそれぞれに対して次の点を宣揚する必要に迫られていた。宗内へ向けては、三祖良忠（一一九九～一二八七）以降、白幡派、藤田派、名越派、三条派、一条派、木幡派の六派に分岐した門下諸流を正統非正統に類別し、浄土宗の組織体系や宗義の綱要を明確化することであり、他宗へ向けては、浄土宗がいまだ宗祖の出身宗派である天台宗の一派として位置付けられている問題に対し、釈尊より法然（一一三三～一二一二）へ至る三国伝灯の相承系譜を明示して、独立宗としての資格を認知させることである。

特に［善導─法然］の相承問題は、かつて法然自身が文治六年（一一九〇）の東大寺講説において、「爰於二善導和尚往生浄土之宗一者。雖レ有二経論一無レ人二於習学一。雖レ有二疏釈一無レ倫二讃仰一。然則無レ有二相承血脈法一。非二面授口訣儀一[8]」と嘆いて以降、浄土宗の存亡すら左右しかねないきわめて重要な問題となっており、早急に論陣を張る必要があった。

もっとも法然は『選択本願念仏集』（一一九八）に以下の相承系譜を挙げている。

如二聖道家血脈一浄土宗亦有二血脈一。但於二浄土一宗一諸家亦不レ同。所謂盧山慧遠法師・慈愍三蔵・道綽善導等是也。今且依二道綽善導之一家一論二師資相承血脈一者。此亦有二両説一。一者菩提流支三蔵・慧寵法師・道場法師・曇鸞法師・大海法師・法上法師。已上出二安楽集一。二者菩提流支三蔵・曇鸞法師・道綽禅師・善導大師・懐感禅師・少康法師。已上出二唐宋両伝一[9]。

慧遠流と慈愍流の祖師については明瞭にしていないものの、道綽・善導流については『安楽集』を典拠とする一系譜と、『続高僧伝』と『宋高僧伝』を典拠とする一系譜を具体的に提示しているのである。そしてさらに後者の系譜から［曇鸞―道綽―善導―懐感―少康］の五祖を特に重視し、その伝歴を述べる『類聚浄土五祖伝』なる著述まで撰述している[10]。ならば「無レ有二相承血脈法一」という法然の感嘆は、いかなる事情によるものなのだろうか。

それは、まさしくその後に続けられる一語「非二面授口訣儀一」に集約されると言っても過言ではない。承安五年（一一七五）、法然は善導（六一三～六八一）の『観無量寿経疏』の一節「一心専念二弥陀名号一。行住坐臥不レ問二時節久近一。念々不レ捨者。是名二正定之業一。順二彼仏願一故[11]」を機縁として浄土宗を開宗するに至った。これにより［善導―法然］の関係は、『観無量寿経疏』を媒介とする依用相承に類されることとなるのだが、この依用相承によって開宗されたという事実が、浄土宗に後々まで重い足枷となってのしかかることとなる。

そもそもすべての宗派は、それが仏教教団の一派である以上、天竺、震旦、日本と続く三国伝灯の血脈相承を明示し、自宗が釈尊の教えを正しく継承していることの立証が義務付けられていた。たとえば平安期に成立した天台宗も三種相承（金口相承、今師相承、九祖相承）と四種相承（円頓戒相承、止観業相承、遮那業相承、達磨禅相承）を、同じく真言宗も付法八祖と伝法八祖という二種の相承を立て、早々に自宗の正統性をアピールしている。

法然も通例に倣って前述の依用相承を掲げたのだが、我が国においては師匠の認許があってこそ成立する直受相承のみが重視され、受者の一方的な理解による依用相承は邪教の乱立を招くものであるとして否定される傾向にあった。そのため自ずと［善導―法然］の相承は、浄土宗の勢力拡大に伴って他宗から格好の標的とされることになる。

事実、元久元年（一二〇四）には、延暦寺の衆徒が法然一門の処罰と専修念仏の停止を時の天台座主真性（一一六七～一二三〇）に訴え出るという事件があった。いわゆる元久の法難である。ここにおいて着目すべきは、訴状がほかならぬ天台座主に提出されているという事実である。すなわちそれは法然がいまだ天台宗側から自宗僧として認識されていることを物語るものであり、浄土宗開宗という事実は全く黙殺され、法然の処遇はあくまでも天台宗内で判断されるべき事柄として扱われたのである。無論、そこに［善導―法然］の相承問題が深く関与していたことは、あらためて論じるまでもないだろう。

また翌元久二年（一二〇五）には、興福寺の衆徒がやはり法然一門の断罪と専修念仏の停止を求めて『興福寺奏状』を奏上している。ここには国家権力や社会体制と相即関係にある仏教界の秩序、いわゆる顕密体制の牙城を脅かすものとして、九箇条に及ぶ法然一門の罪状が述べられているのだが、その第一条として挙げられたのは、やはり浄土宗の相承問題であった。

第一立二新宗一失。夫仏法東漸。後我朝有二八宗一。或異域神人。来而伝受。或本朝高僧。往而請益。于レ時上代明王。勅而施行。霊地名所。随縁流布。其興新宗。開一途之者。中古以降。絶而不聞。蓋機感已足。法将不レ応之故歟。凡立レ宗之法。先分二義道之浅深一。能弁二教門之権実一。引レ浅兮通レ深。会レ権今帰レ実。大小前後。文理雖レ繁。不レ出二其一法一。不レ超二其一門一。探二彼至極一。以為二自宗一。譬如三衆流之宗二巨海一。猶似三万郡之朝二一人一矣。若夫以二浄土念仏一。名二別宗一者。一代聖教。雖レ説二弥陀一仏之称名一。三蔵旨帰。偏在二西方一界之往生一歟。今及二末代一。始令レ建二一宗一者。源空其伝灯之大祖歟。豈如二百済智鳳。大唐鑒真一。称二千代之軌範一。寧同二高野弘法。叡山伝教一。有二口莱之昌栄一者乎。若自レ古相承。不レ始二于今一者。逢二誰聖哲一。面受二口決一。以二機内証一。教誡示導哉。縦雖レ有レ功有レ徳。須下奏二公家一。以侍中勅許上。私号二一宗一。甚以不当。(12)

その浄土宗の位置付けは法然没後も同様だったと言ってよい。貞応三年（一二二四）、再び延暦寺衆徒より天台座主へ提出された六箇条から成る『貞応之奏状』の第一条にも、やはり［善導—法然］の相承問題が指摘され、立教開宗より半世紀が経過したこの時期においても、いまだ天台宗に寄寓する一派であるとの認識は何ら変わっていなかったことが窺える。

一、不レ可下以二弥陀念仏一別建上レ宗事。

右謹検二旧典一。建レ教建レ宗有レ法有レ式。或外国真僧帰レ化而来朝。或吾朝高僧奉レ勅而往諮。予知二一朝之根機一已張二八宗之教綱一。論二其祖宗一無レ非二賢聖一。尋二其濫觴一皆待二勅定一相承有二次第一依憑無二忤誤一。爰項年有二源空法師一卜二居於黒谷一之初末レ有二博学之実一。移二棲於東山一之後吐二誑或之言一猥以二愚鈍之性一欲レ追二賢招之蹤一。私建二一宗一還謗二三宝一思生二袖衿一敢無二師説之稟承一。言任二于胸臆一不レ依二経論之誠説一。遂煽二邪風於都鄙一殆払二恵雲於天下一。自爾以来源空雖レ没末学興レ流。更分二一念多念之門徒一各招二謗法破法之罪業一。貴賤趣二其教一男女随二彼言一衆人如レ狂万民似レ酔善者難レ慣二于心一悪者易染二于神一之故也。或称二之念仏宗一或号二之浄土宗一。夫浄土者万善之所レ期念仏者諸宗之通規。何以二此両事一別立為二一宗一哉。抑件輩謗二鎮国之諸宗一呼曰二雑行一立二放逸之一法一名二正行一奇怪之至。禁遏有レ余何況不レ蒙二公家処分一恣建二新議之邪宗一早被レ下二厳重之紫泥一欲レ伏二訴訟之丹地一矣。(13)

たしかに善導（六八一没）と法然（一一七五開宗）との間に横たわる五世紀にも及ぶ時間的隔たり、唐と日本という空間的隔たりはいかんともしがたい事実である。直受相承偏重の傾向が強い他宗を納得させるためには、「偏依二善導一師一」という法然の絶対的指針に固執せず、両者の間に諸師を配することによって相承系譜の細分化を図る以外に手段はないと思われた。

ところが、ここで浄土宗は全く予想もしなかった方法によって事態の収拾を試みる。古くから伝わる「二祖対面」の逸話を根拠として時間的、空間的問題を解消し、「善導―法然」の関係に直受相承としての一面も含有させようとしたのである。「二祖対面」とは法然が叡山修行中、夢中に現れた「半金色の善導」から専修念仏の教義が自らの意趣に適ったものであることを告げられたとする逸話であり、建久九年（一一九八）五月二日に記された『夢感聖相記』には、次のように挙げられている。

源空多年勤二修念仏一。未二嘗一日懈廃一焉。一夜夢。有二一大山一。南北悠遠峰頂至高。其山西麓有二一大河一。傍レ山出レ北流レ南。浜畔渺茫不レ知二涯際一。林樹繁茂莫レ知二幾許一。予乃飛揚登二於山腹一。遥視二西嶺一。空間有二紫雲一片一。去レ地可二五丈一。意之。何処有二往生人一。現二此瑞相一。須臾彼雲飛二来頭上一。仰望孔雀。鸚鵡等衆鳥。出二於雲中一遊二戯河浜一。此等衆鳥。身無二光明一而照曜無レ極。翔飛復入二雲中一。予為二希有思一。少時彼雲北去覆二隠山河一。復以為。山東有二往生人一迎レ之。既而須臾彼雲復至二頭上一。漸大徧覆二於一天下一。有二一高僧一。出二於雲中一。住二立吾前一。予即敬礼瞻二仰尊容一。腰上半身尋常僧相。腰下半身金色仏相。予合掌低頭。問曰。師是何人。答曰。我是唐善導也。又問。時去代異。何以今来二于此一耶。答曰。汝能弘二演専修念仏之道一。甚為二希有一。吾為来証レ之。又問曰。専修念仏之人。皆得二往生一耶。未レ答乃覚。覚已聖容尚如レ在也[14]。

建久九年五月二日記レ之　源空

もっとも諸氏が指摘されるように、法然は浄土宗をあくまでも凡入報土を追究する「学派」として位置付けており、決して組織化された「教団」を構築しようなどと考えていたわけではない。それは法然自身が元久元年（一二〇四）、「叡山黒谷沙門」の立場から「欣二浄土一之類。豈捨二妙法一哉。本心就レ中源空。嘗二念仏余暇一披二天台教釈一。凝二信心於玉泉之流一。致二渇仰於銀池之風一。旧執猶存。本心何忘」[15]などと記した『送山門起請文』を天台座主に提出し、一天台宗僧としての自身の立場を必死になって弁明している点、また浄土宗開宗以降も西山広谷、東山大谷、賀茂の河原屋、小松殿などを転々とし、決して経済基盤となる荘園を設けたり、本拠となる大伽藍を構えたりすることがなかった点、さらには門下に対して一箇所への雑居や、自他宗僧との争闘や争論を厳しく誡めている点などからも明言されてよい[16]。

実際、この『夢感聖相記』を検証するかぎり、「二祖対面」の逸話も浄土宗独立を見据えての理論武装ではなく、逆に天台宗への寄寓を可能にするための理論形成を回顧したものであったように感じられる。浄土宗が一学派として天台宗内に留まり続けるためには、末法時における専修念仏の優越性を論じるよりも、むしろ法然が善導教学を正しく継承していることを具体的に立証し、本願念仏（善導教学）から選択本願念仏（法然教学）への移行が整合性を伴うものであることを主張していくほうが重要であった。

たとえば夢中に応現した半金色の高僧が善導であると判明したのち、法然は二つの質問を提起している。このうち、最初の問答「又問。時去代異。何以今来二于此一耶。答曰。汝能弘二演専修念仏之道一。甚為二希有一。吾為来証レ之」は、七世紀の唐に実在した「生身の浄土宗僧・善導」を回答者として意識したものである。あえて法然は「時去代異」という語句を付加して質問することにより、生身の善導から選択本願念仏理論の片翼を担う「三重の選択」に関する印可を導き出しているのである。

「三重の選択」とは、第一に全仏教を聖道門と浄土門の二種に分類して、それぞれを難行道と易行道に配し、浄土門を選択すること。第二に浄土往生に有益な諸行の中、読誦、観察、礼拝、称名、讃歎供養の五つを五種正行、それ以外を雑行として分類し、五種正行を選択すること。第三にそれら五種正行の中から善導の『観無量寿経疏』散善義の説により、正定業たる称名のみを選択することの三つをいう。

【三選の文】

①一重の選択「夫速欲レ離二生死一二種勝法中且閣二聖道門一選入二浄土門一」

②二重の選択「欲レ入二浄土門一正雑二行中且抛二諸雑行一選応帰二正行一」

③三重の選択「欲レ修二於正行一正助二業中猶傍二於助業一選応レ専二正定一。正定之業者即是称二仏名一。称レ名必得レ生。依二仏本願一故」[17]

一方、次の問答「又問曰。専修念仏之人。皆得二往生一耶。未レ答乃覚」は、諸仏の代表として極楽より来迎した「阿弥陀仏の化身・善導」を回答者として意識し、やがて法然の視線が、「三重の選択」とともに選択本願念仏理論を構成する「仏の八選択」の教義確立へと向けられていったことを示唆したものである。そもそも専修念仏による往生の有無についての善導の回答は、主著『観無量寿経疏』に明示されており、さらに言えば、法然はすでに前問答において「汝能弘二演専修念仏之道一。甚為二希有一。吾為来証レ之」との印可も受けている。

少なくともここにおいて再びこのような根本的質問をくり返す必然性が認められない以上、やはり法然は両質問の回答者を別次元の存在として設定していたとみるべきであろう。善導が「尋常僧相」と「金色仏相」を具有する半金色の姿として応現したのも、つまるところはそのような回答者の設定を象徴したものだったと言ってよい。

ちなみに「仏の八選択」とは、『無量寿経』『観無量寿経』『阿弥陀経』『般舟三昧経』を典拠とし、称名念仏は阿弥陀仏、釈迦如来、六方諸仏が重視すべきものとして諸行の中より選択したとする教義をいう。法然は『無量寿経』から「選択本願」「選択讃歎」「選択留教」の三種、『観無量寿経』から「選択摂取」「選択化讃」「選択付属」の三種、『阿弥陀経』から「選択証誠」、『般舟三昧経』から「選択我名」に相当する文をピックアップし、以下のように「弥陀選択」「釈迦選択」「六方恆沙諸仏之選択」のそれぞれに配しているのである。

【弥陀選択】

①選択本願「念仏是法蔵比丘於二二百一十億之中一所二選択一往生之行也」

②選択摂取「観経之中雖レ明二定散諸行一。弥陀光明唯照二念仏衆生一摂取不レ捨」

③選択化讃「下品上生人雖レ有二聞経称仏二行一。弥陀化仏選二択念仏一云下汝称二仏名一故諸罪消滅。我来迎上レ汝」

【釈迦選択】

④選択我名「弥陀自説言欲レ来二生我国一者常念二我名一莫レ令二休息一」

⑤選択讃歎「三輩中雖レ挙二菩提心等余行一。釈迦即不レ讃二歎余行一。唯於二念仏一而讃歎当レ知二一念一。云二無上功徳一」

⑥選択留教「雖レ挙二余行諸善一釈迦選択唯留二念仏一法一」

⑦選択付属「雖レ明二定散諸行一。唯独付二属念仏一行一」

【六方恒沙諸仏之選択】

⑧選択証誠「已於二諸経中一多雖レ説二往生之諸行一。六方諸仏於二彼諸行一而不二証誠一。至三此経中説二念仏往生一。六方恒沙諸仏各舒レ舌覆二大千一説二誠実語一而証二誠之一」[18]

翻って考えれば、二十年以上も前の出来事である「二祖対面」の逸話が、『選択本願念仏集』のまとめられた直後という不自然なタイミングで発表されている事実からも、この『夢感聖相記』がもともと選択本願念仏理論の形成過程を回顧したものであったことは明言されてよい。ましてや本逸話は

「未ㇾ答乃覚」として未解決のまま終了しており、少なくとも法然の混迷は「二祖対面」によっても決して解消されてはいないのである。

ところが後世に編まれた以下の法然伝では、善導と法然のやりとりがことごとく修整され、「二祖対面」が［善導―法然］の直受相承の根拠として位置付けられることにより、本逸話は浄土宗開宗の絶対条件を充足させるものとしてクローズアップされるに至る。

・『源空聖人私日記』一巻（『浄土宗全書』一七巻、『昭和新修法然上人全集』等所収）
・『法然上人伝記（醍醐本）』一巻（『昭和新修法然上人全集』『法然上人伝全集』等所収）
・『本朝祖師伝記絵詞（伝法絵）』四巻（一二三七。『浄土宗全書』一七巻、『法然上人伝全集』等所収）
・『法然上人伝（増上寺本）』二巻存（一二三八。『法然上人伝全集』等所収）
・『法然聖人絵（弘願本）』四巻存（『法然上人伝全集』等所収）
・『法然上人伝記（九巻伝）』九巻（一三一一。『浄土宗全書』一七巻、『法然上人伝全集』等所収）
・『拾遺古徳伝絵』九巻（一三〇一。『法然上人伝全集』等所収）
・『法然上人伝絵詞（琳阿本）』九巻（『浄土宗全書』一七巻、『法然上人伝全集』等所収）
・『法然上人行状画図（勅修御伝、四十八巻伝）』四八巻（一三一一～一三二三。『日本絵巻物集成』一五、一六巻、『法然上人伝全集』等所収）
・『黒谷源空上人伝（十六門記）』一巻（一二二七。『浄土宗全書』一七巻、『昭和新修法然上人全集』所収）
・『知恩伝』二巻（一二八三。『法然上人伝全集』等所収）

・『法然上人伝（十巻伝）』十巻（『浄土宗全書』一七巻、『法然上人伝全集』所収）

たとえば聖覚（一一六七〜一二三五）の『黒谷源空上人伝』には次のように記されている。

　予心に念じ給ふ夜の夢中に一人の僧あり。腰より上は墨染、裳より下は金色なる宝衣を著し給。予低頭合掌して問て云。大徳は誰人ぞや。霊僧答給はく。我はこれ善導なり。汝専修念仏を弘通せんと欲する料簡の義理、我が釈文に違はず。釈文は即是証を請て定畢ぬ。是故に兼ては又仏意に違はず。よろしく弘通すべし。化益もとも多からん。予伏請て曰。大徳然るべくば浄土の教門、面授口訣して自も信じ他をも教しめ給へ。和尚示給はく。善哉善哉。菩薩大聖、浄土の教法、願に随て授与せんと。仍て三部契経八軸の金典、敬て付属を蒙こと懃慇鄭重なりきと。上人の観化、和尚の印可、快仏意に称へり。もつぱら仰信すべし。(19)

二祖対面以降も法然が混迷の中にあったことを示唆する一文は完全に姿を消し、あらたに「三部契経」（『無量寿経』『観無量寿経』『阿弥陀経』）、「八軸の金典」（善導撰『観無量寿経疏』四巻、『法事讃』二巻、『観念法門』一巻、『往生礼讃』一巻）の逸話などが付加されることによって、善導の印可が自宗開宗の絶対的なコンセプトとして扱われているのである。

しかし、あくまでも夢告による法義継承である以上、善導の印可をことさらに強調したところで依用相承であるという批判は決して免れることがない。間もなく虎関師錬（一二七八〜一三四六）や夢窓疎石（一二七五〜一三五一）の指摘により、この問題は再燃することとなる。たとえば虎関師錬は『元亨釈書』（一三二二）に、「又有二浄土一焉。有二成実一焉。有二倶舎一焉。斯三為二寓宗一。譬二国之附庸一焉」と浄土宗を成実宗や倶舎宗と同等の寓宗であるとし、また「浄土一宗或大或小依二修者一而然。

無㆓祖宗之定系㆒故也」と相承系譜の問題から小乗浅機の法門にも類されるものであると断じている。(20)

たしかに延暦二十二年（八〇三）二月二十六日の詔勅「戊寅。勅。緇徒不㆑学㆓三論㆒。専崇㆓法相㆒。三論之学殆以将㆑絶。頃年有㆑勅。二宗並行。至㆓得度㆒者。未㆑有㆓法制㆒。自今以後。三論法相各度五人。立為㆓恒例㆒」、また次に挙げる延暦二十五年（八〇六）一月二十六日の詔勅の年分度者配分などから、少なくとも平安期初頭には、すでに成実宗と倶舎宗が研究者の減少を理由に三論宗、法相宗のそれぞれに編入されていたことが窺える。(21)

華厳業二人　符云。並令㆑読㆓五教指帰綱目㆒。
天台業二人　符云。一人令㆑読㆓大毘盧遮那㆒。一人令㆑読㆓摩訶止観㆒。
律業二人　符云。並令㆑読㆓梵網経。若瑜伽声聞地㆒。
三論業三人　符云。二人令㆑読㆓三論㆒。一人令㆑読㆓成実論㆒。
法相業三人　符云。二人令㆑読㆓唯識論㆒。一人令㆑読㆓倶舎論㆒。

もっとも法然にとって浄土宗の位置付けなど、取るに足らない問題だったのかもしれない。法然が固執しているのは、あくまでも凡入報土の義が確立されるか否かという一点だけである。しかし法然没後、独立化への道を邁進する浄土宗にとって、実質的な活動を断ってから五世紀が経過している両宗と同等に扱われることは、屈辱以外の何ものでもなかった。ここにおいて浄土宗にはあらためて反論を行なう必要性が生じるに至ったのである。

これらの批判に対する浄土宗側の対応はきわめて迅速かつ的確なものだった。その急先鋒となったのが聖冏（一三四一～一四二〇）と聖聡である。まず聖冏は『釈浄土二蔵義』（一三八六）や『浄土二蔵二教略頌』（一三八三）などの著述によって浄土宗義を概説し、『浄土真宗付法伝』（一三六三）によって浄土宗の三国伝灯の宗脈を、『顕浄土伝戒論』（一三八七）によって浄土宗が相伝する円仁（七九四〜八六四）正統の戒脈を明示する。そして北京二宗や禅宗の伝法制度に倣って『五重指南目録』（一四〇四）を撰述し、今日、「往古伝法」と称される五重相伝のシステムを構築するのである。(22)

五重相伝とは、浄土宗義を初重「機」、二重「法」、三重「解」、四重「証」、五重「信」に類別して授けることであり、以下がそれぞれの典拠とされている。

初重・伝宗祖法然撰『往生記』一巻（『浄土宗全書』九巻所収）

二重・二祖弁長撰『末代念仏授手印』一巻（『浄土宗全書』一〇巻所収）

三重・三祖良忠撰『領解末代念仏授手印鈔』一巻（『浄土宗全書』一〇巻所収）

四重・三祖良忠撰『決答授手印疑問鈔』二巻（『浄土宗全書』一〇巻所収）

五重・曇鸞撰『無量寿経優婆提舎願生偈婆藪槃頭菩薩造並註』二巻「凝思十念」（『浄土宗全書』一巻所収）

さらに聖冏はこれら五重伝書を細釈する『往生記投機鈔』（一三九〇）一巻、『授手印伝心鈔』一巻、『領解授手印徹心鈔』（一三九〇）一巻、『決答疑問銘心鈔』（一三九〇）二巻を相次いで撰述し、(23)これに『決答授手印疑問鈔』二巻を加えた「七書」は、今日、『往生記』一巻、『末代念仏授手印』一巻、『領解末代念仏授手印鈔』一巻の「三巻」とともに浄土宗伝法の要義書とされている。

またこの書伝のほかにも直受相承重視の傾向に倣って口伝を設け、初重に四箇条、二重に三十七箇条、三重に一箇条、四重に二箇条、五重に六箇条、そして知り残し一箇条、言い残し二箇条、書き残し二箇条の計五十五箇条を設定する。これにより各流派によってさまざまに行なわれていた伝法制度が統一され、浄土宗はいよいよ独立宗団としての体裁を整えるに至ったのである。

もちろん浄土宗の基本的な相承系譜の方向付けは、『浄土三国仏祖伝集』の登場を俟つまでもなく、すでにこの聖冏の『浄土真宗付法伝』によって確立されていたとみることもできる。

事実、『浄土三国仏祖伝集』を貫く基本的相承系譜のうち、法然へ至るまでのものはいずれも『浄土真宗付法伝』の定義を踏襲するものであり、具体的に言えば、本章で問題としている「震旦浄土三流」以外のすべて、すなわち「天竺四祖」「震旦八祖」「日本五祖」「智識相承六祖」「経巻相承八祖」は、聖冏が提示する「月氏四祖」「支那八祖」「日域五祖」「知識相承六祖」「経巻相承八祖」と同一のものである。

また［善導―法然］の相承に関しても、『観無量寿経疏』の一文を媒介として法義を継承したとする依用相承と、夢中に現れた善導から口訣によって法義を継承したとする直受相承の二種を立て、それを絶対的なものとして強調しているのは、やはり聖冏の方針を継承したものととらえてよい(24)。

もっとも『浄土真宗付法伝』に次のように、

若依二此義一。設言二口決一有二何疑難一。夢覚有レ殊。伝法無レ疑。夫大師是弥陀化身。上人是(25)勢至垂迹。豈迷二本地益一。猶致二末俗謬一。若爾者。設無二口決一。非レ可レ疑レ之。況夢中口決。弥可二仰信一。

また『浄土三国仏祖伝集』に次のように続けられているところをみれば、やはり夢告による善導の認許を強調したところで、他宗を完全に納得させるには至らなかったのであろう。

此宗相伝。天竺与二唐土一相承正也。流支・曇鸞。唐土与二日本一両土伝来不レ正也。雖レ然今此夢定口伝決定也。最可㆓仰信㆒。他宗人用否任㆑他。於㆓当宗㆒者専可㆑信。[26]

そこで聖聡は新たに二つの手段を用いて他宗に反論しようと試みる。一つは他宗の相承系譜から直受相承でない箇所を具体的に指摘し、あくまでも直受相承に固執する他宗の姿勢を牽制する方法であり、今一つは『浄土三国仏祖伝集』に散見される虚偽事項のごとく、多少史実にない逸話を創出してでも浄土宗の相承系譜を直受相承中心のものへと修整する方法である。

すなわち天台宗の［龍樹—慧文］の相承、真言宗の［龍樹—金剛薩埵］の相承、華厳宗における龍樹（一五〇〜二五〇頃）の出自などを指摘する次の一文が前者であり、

若他宗以㆑非㆓直授㆒被㆓偏執㆒。当亦可㆑云。天台宗龍樹恵《ママ》文也。問。天竺与㆓唐土㆒国遥隔。上代与㆓後世㆒亦隔。何為㆓依用㆒乎。又真言宗血脈。龍樹与㆓金剛薩埵㆒証人無㆑之。亦華厳宗。龍樹菩薩自㆓龍宮㆒涌出。云々。若偏執者何用㆑之。雖㆑然皆伝受。以無㆓仔細㆒言㆑之者。今亦可㆑然。[27]

直受相承による慈愍流の相承系譜［元暁—迦才—慈愍—智円—慈雲—了照］などの提示が後者に相当する。

もちろんこの『浄土三国仏祖伝集』に散見される虚偽事項が、宗内の確信と他宗への反論を目的に作成されたものであるならば、少なくとも双方からの納得が得られるだけの最低限の根拠が必要となる。しからば元暁が入唐して終南山悟真寺に居住し、迦才に法灯を伝えたとする虚偽にも、何らかの具体的根拠が存在したのだろうか。さらに検証してみたいと思う。

元暁入唐説捏造の背景

元暁入唐説捏造の背景を探るため、今一度、『宋高僧伝』の「唐新羅国義湘伝」と「唐新羅国黄龍寺元暁伝」を具体的に検証してみよう。まず先行する「唐新羅国義湘伝」には、元暁と義湘の入唐求法の顛末について次のように記述されている。

年臨㆓弱冠㆒聞㆓唐土教宗鼎盛㆒。与㆓元暁法師㆒同㆑志西遊。行至㆓本国海門唐州界㆒。計求㆓巨艦㆒。将㆑越㆓滄波㆒。倏於㆓中塗㆒遭㆓其苦雨㆒。遂依㆓道旁土龕間㆒隠㆑身。所㆔以避㆓飄湿㆒焉。迨㆓乎明旦㆒相視。乃古墳骸骨旁也。天猶霢霂地且泥塗。尺寸難㆑前逗留不㆑進。又寄㆓埏甓之中㆒。夜之未㆑央俄有㆓鬼物㆒為㆑怪。暁公歎曰。前之寓宿謂㆓土龕㆒而且安。此夜留宵託㆓鬼郷㆒而多㆑崇。則知心生故種種法生。心滅故龕墳不㆓。又三界唯心万法唯識。心外無㆑法胡用㆓別求㆒。我不㆑入㆑唐。却携㆑嚢返㆑国。湘乃双影孤征誓㆑死無㆑退。以㆓総章二年㆒附㆓商船㆒達㆓登州岸㆒。[28]

元暁が夢中に出現した鬼を見て「万法唯識」の道理を悟り、入唐を取り止めて帰国したとする逸話はここに掲げられているのである。ところがその後に続けられる「唐新羅国黄龍寺元暁伝」のほうは、少なからず趣が異なっている。

嘗与㆓湘法師㆒入㆑唐。慕㆓奘三蔵慈恩之門㆒。厥縁既差息㆓心遊往㆒。[29]

ここでは前項「唐新羅国義湘伝」との重複を避けるため、かつて玄奘（六〇二～六六四。一説に六〇〇生）や慈恩（六三二～六八二）を慕って義湘とともに唐を目指したが、その縁を違えて一人帰国したと簡単に触れられているにすぎないのである。ならば浄土宗の相承系譜の再構築を目論む聖聡が、「嘗与二湘法師一入レ唐。慕二奘三蔵慈恩之門一。」の箇所のみを歪曲して解釈することによって、元暁入唐説を導き出したとみることもできるのではないだろうか。

もっとも聖聡が「唐新羅国義湘伝」に挙げられる元暁入唐放棄の経緯を知らなかったとは考えがたい。『浄土三国仏祖伝集』に論じられる相承系譜は、「唐新羅国義湘伝」と「唐新羅国黄龍寺元暁伝」の双方から窺えるさまざまな情報を取捨選択することによって構築されたものと思われるからである。

たとえば『浄土三国仏祖伝集』において元暁が終南山悟真寺に居住したとされるのは、「唐新羅国義湘伝」に「湘乃径趣二長安終南山智儼三蔵所一。綜二習華厳経一(30)」と、途中まで同行した義湘が終南山至相寺の智儼（六〇二～六六八）のところへ赴いたとあるのを受けて、善導なども住した浄土教の聖地悟真寺が着目されたものと思われる。

また元暁が慈愍流の相承系譜に組み入れられているのも、「唐新羅国黄龍寺元暁伝」に元暁が「山水坐禅(31)」として、慈愍（六八〇～七四八）と同様に禅浄双修を旨としていたことが挙げられている点、「唐新羅国義湘伝」に「又常行二義浄洗穢法一。不レ用二巾帨一。立レ期乾燥而止(32)」として、同行した義湘が慈愍の師義浄（六三五～七一三）の提唱する受用三水要法を勤修していたとされている点が影響したものとみてよい。すなわち明らかに『浄土三国仏祖伝集』に論じられる元暁像は、「唐新羅国義湘伝」から得られる情報なくしては成立し得ないものだったのである。

ならばなぜ浄土宗の相承系譜の再構築に、そこまで元暁の存在に固執する必要があったのだろうか。その機縁となったのはやはり『選択本願念仏集』の次の問答であろう。

問曰。夫立二宗名一本在二華厳天台等八宗九宗一。未レ聞下於二浄土之家一立中其宗名上。然今号二浄土宗一有二何証拠一也。答曰。浄土宗名其証非レ一。元暁遊心安楽道云。浄土宗意本為二凡夫一兼為二聖人一。又慈恩西方要決云。依二此一宗一。又迦才浄土論云。此之一宗窃為二要路一。其証如レ此。不レ足二疑端一。(33)

これは新興浄土宗の存在を問題視する他宗に対して、元暁の『遊心安楽道』、慈恩の『西方要決』、迦才の『浄土論』を提示し、唐や新羅においてはすでに浄土宗の存在が認められていること、自他宗の祖師がすでに浄土宗の存在を認知していることの二点を論証したものである。法相宗の相承系譜に挙げられる慈恩はさておき、聖聡はこの問答から浄土宗の相承系譜の充実を図るため、元暁と迦才の存在に着目したのである。

もっともそれは法然の位置付けとは明らかに相違するものであった。法然は『選択本願念仏集』において『遊心安楽道』を二度にわたって引用している。一度目はこの浄土宗名の典拠として挙げられた箇所であり、二度目は各宗派により菩提心の定義が相違していることの実例として、天台宗の『摩訶止観』、真言宗の『金剛頂瑜伽中発阿耨多羅三藐三菩提心論』とともに、華厳宗の場合として「華厳亦有二菩提心一。如二彼菩提心義及遊心安楽道等説一」(34)と挙げられる箇所である。すなわち双方とも『遊心安楽道』が華厳宗の祖師の著述であることによってはじめて意味合いを有するものであり、法然にとって元暁の位置付けはあくまでも華厳宗の一祖師だったのである。

ところで本井信雄氏は、この『浄土三国仏祖伝集』に提示される「元暁―迦才」の相承に関して、「迦才を元暁の弟子のごとくに取り扱ったのは、『選択集』教相章の宗名の証権として引く記述の順序を、そのまま両師の時代的前後と解するより出た説と推考され、何ら取るに足らないものと云わねばならぬ」と論じられている(35)。すなわち［元暁―迦才］の位置付けは、『選択本願念仏集』に浄土宗名の典拠として挙げられた『遊心安楽道』『西方要決』『浄土論』という順序から安易に導き出されたものとされているのである。しかし、はたして本当にそうだろうか。

本井氏の見解に従えば、聖聡は三者の位置付けを［元暁―慈恩―迦才］の順で認識していたこととなる。ところがこの元暁入唐説は『宋高僧伝』の「嘗与二湘法師一入レ唐。慕二奘三蔵慈恩之門一」の箇所を歪曲して構築されたものであり、この一文に従えば、少なくとも元暁、慈恩の関係は逆に［慈恩―元暁］の順でなければならない。

また迦才の業績については『宋高僧伝』などにも取り上げられていないため、わずかに『浄土論』の内容から道綽（五六二～六四五）の後輩に当たること、長安弘法寺を本拠としていたことなどが知られている以外、生没年をはじめとする多くが明らかではない。しかし聖聡は『選択本願念仏集』の一文「浄土祖師其数又多。謂弘法寺迦才慈愍三蔵等是也(36)」に着目し、逆にこの点を有効に利用しようと考える。慈愍が開元七年（七一九）に入竺求法の旅から長安に帰京したとする『宋高僧伝』「唐洛陽罔極寺慈愍伝」の記述「開元七年。正達二長安一(37)」によって、「尋詣二弘法寺一。礼二迦才和尚一。嗣法登二祖位一」という虚偽を創出し、長安弘法寺を舞台とする［迦才―慈愍］の直受相承による一系譜を作成しているのである(38)。

すなわちこれにより［元暁―迦才―慈愍］という慈愍流の直受相承による一系譜を導き出すことが可能となるだけでなく、［慈恩―元暁―迦才］という『選択本願念仏集』に浄土宗名の典拠として挙げられた三著の撰述者の直受相承による一系譜を導き出すことも可能となる。やはり［元暁―迦才］の位置付けは、［慈恩―元暁］や［迦才―慈愍］の相承に連結する意味からも熟慮の末に構築されたものだったと言うべきであろう。

またこの『浄土三国仏祖伝集』は、かねてより本当に聖聡の著述であるのか疑問視する向きもあった。たとえば天保四年（一八三三）に唯仰は、「追考」として「然文中語転倒多。又多用㆓和文㆒。況若真作者。縁山中応㆑有㆓多本㆒。且何不㆓上木㆒。偽妄故無㆓上木㆒。且写本甚稀。多年尋求。漸得㆓一本㆒。是其所㆓以偽妄㆒歟。更待㆓賢者評㆒而已」と記し、語句の転倒や文法の問題など、その論述形態があまりにも稚拙であること、また数年にわたって大本山芝増上寺（縁山）などを隈なく探索したが、わずかに写本一本しか得られなかったことなどを聖聡偽撰説の根拠として挙げている[39]。

たしかに本書は「依用相承八祖」と「日本八祖」を混同している不明瞭な箇所などもあり、今日でもわずかに宝暦三年（一七五三）の写本と宝暦十二年（一七六二）の写本の二本しか確認することができない。もちろんそれらのすべてが聖聡偽撰説を断定する直接の要因になるとは思われないが、以下に掲げる相承系譜の基本定義を全く無視するような設定は、はたしてこの著述が本当に二十六部百数十巻もの著述を撰述した相承問題のスペシャリスト・聖聡の著述であるのか、疑わしめるに十分な根拠となるのではないだろうか。

元来、相承系譜を提示する目的は、天竺、震旦、日本と続いた三国伝灯の正統性を明示するところにあり、震旦浄土三流の始祖に配される人物は、天竺から震旦へ法灯を伝承させたことが絶対条件とされていた。かつて法然が道綽・善導流の始祖として洛陽で活動した天竺僧菩提流支を挙げたのも、またこの問題を扱う諸師の多くが慧遠流の始祖として洛陽を訪れた西域僧仏図澄（二三二〜三四八）を、慈愍流の始祖として入竺僧義浄や入竺僧慈愍を挙げたのも、つまるところはそのためと言ってよい[40]。

ところが、なぜか本書は慈愍流の始祖として元暁の名を挙げている。はたして元暁を慈愍流の始祖として位置付けるのであれば、直受相承重視という方針からも元暁は必然的に入竺と入唐の双方を経験していなければならなくなる。ここにおける元暁の選択は明らかなるミスキャストなのである。

しからばこの『浄土三国仏祖伝集』に提示される見解は、周囲にどのような影響を及ぼしたのであろうか。本書に提示される相承系譜のうち、従来の見解を大きく逸脱するものとしては、慧遠流［仏図澄—道安—慧遠—道場—慧慈］と慈愍流［元暁—迦才—慈愍—智円—慈雲—了照］の二種が挙げられる。

そもそも法然は震旦浄土三流のうち、「今且依㆓道綽善導之一家㆒論㆓師資相承血脈㆒者」として道綽・善導流については詳説しているものの、残る慧遠流、慈愍流については何ら具体的に提示することがなかった。「偏依㆓善導一師㆒」を標榜する関係から、さほど重視してはいなかったのである。そのためこの両流に関しては、諸師によってさまざまな系譜が提示されることとなるのだが、良定撰『浄土血脈論』（一六二三）や懐山撰『浄統略讃』（一六九六）などをみるかぎり、一般的には慧遠流に［仏図澄—道安—慧遠］、慈愍流に［義浄—慈愍］を配するのが通説となっていたようである[41]。

もっとも、早くに絶えたとされる慈愍流に対して、念仏結社白蓮社で知られる慧遠流は決して浄土宗と接点がなかったわけではない。天福元年（一二三三）には宗円が慧遠流を相伝して宋より帰国し、浄土宗では以降、僧侶の法号として蓮社号が使用されるようになった。また嘉暦四年（一三二九）には澄円（一二九〇～一三七一）が廬山東林寺の優曇普度（?～一三三〇）より慧遠流を相伝して帰国し、泉州堺に旭蓮社大阿弥陀寺を草創して、白蓮社に倣った般舟三昧を行っていたことが知られている。

特に澄円は夢窓疎石撰『夢中問答集』への反駁書『夢中松風論』や、虎関師錬撰『宗門十勝論』への反駁書『浄土十勝節箋論』を著したことでも有名であり[42]、相承問題にも長けていたことが知られているが、決して［仏図澄—道安—慧遠—道場—慧慈］などという慧遠流の相承系譜を挙げることはなかった。やはり『浄土三国仏祖伝集』に提示される両流はきわめて特異なものであり、結果的に数々の虚偽事項によって著しく信頼性を欠いたことから、全く支持されることがなかったとの見方が妥当となるだろう。

ならば、この浄土宗寓宗視に関する論争はどのようにして終結したのであろうか。この点について筆者は、増上寺十二世慈昌（一五四四～一六二〇）の登場によって浄土宗を取り巻く環境が大きく変化した点に着目している。慈昌に深く帰依していた徳川家康（一五四二～一六一六）によって、増上寺が慶長三年（一五九八）に菩提寺、慶長十三年（一六〇八）に勅願寺に定められて以降、浄土宗は幕府の庇護の下、僧侶育成機関である檀林制度の整備や散在していた各流派の統合などによって、自他ともに認める大教団へと変貌を遂げることになる。事実、今日の浄土宗寺院の実にほぼ半数は、この時期を中心とする数十年の間に開創されたものである。

中でも元和元年（一六一五）は、その事実を内外に公表するきわめて象徴的な年となった[43]。この年、浄土宗は実質的にその支配下にあった天台宗三門跡の一つ青蓮院に対抗するため、後陽成天皇第八皇子である良純法親王（一六〇三～一六六九）を知恩院初代門跡として迎えている。そして慈昌が門下の廓山（一五七二～一六二五）と了的（?～一六三〇）に起草させ、知恩院二十九世尊照（一五六二～一六二〇）と協議の上で発布した『浄土宗法度（元和条目）』により、浄土宗は幕府公認の一宗派としての絶対的地位を確立するに至ったのである。

この『浄土宗法度』は宮門跡、伝法、僧位、檀林、席次、法衣、本末寺などに及ぶ三十五箇条を規定して、「右三十五箇之条々永代可㆑相㆓守此旨㆒。若於㆓違背之仁㆒者。随㆓科之軽重㆒。或令㆓流罪㆒。或可㆑脱㆓却三衣㆒者也」と記すものであり、併せて「元和元卯七月。（御判）」と幕府の認可を経て公布されたものであることが明示されていた[44]。すなわちここにおいて他宗は浄土宗の存在自体を否定することに何ら意味を見出せなくなり、四世紀半にも及んだ［善導―法然］の相承問題は、明瞭な回答が提示されぬままに終息することとなったのである。

おわりに

我が国における元暁像は、『遊心安楽道』の存在によって独自の変容を遂げるに至った。具体的に言えば、『遊心安楽道』が『両巻無量寿経宗要』の内容を凡夫正機説に立脚して改変したものであることから、凡夫往生を吹聴した祖師であるとする浄土教的変容であり、また『遊心安楽道』に亡者の極楽往生を可能とする方法として光明真言の土砂加持が提示されていることから、光明真言に着目した先駆者であるとする密教的変容である。

中でも浄土宗は元暁が「浄土宗」の名称を公言していたと強調している点、入唐を遂げて迦才に法灯を伝えたとする伝記が作成されている点などから、これまで世界中で最も史実と相違した元暁像を有する宗派と位置付けられる向きもあった。もっともその認識は決して適切ではない。浄土宗においては明恵（一一七三～一二三二）が描いたような密教的変容は極力抑制され、元暁入唐説も決して統一見解として宗内で支持されていたわけではなかったのである。

たとえば第二章に論じたように、義海撰『遊心安楽道私記』（一七四九）には以下のような記述がある。

問。今海東以レ拠二灌頂光真言一論レ之。則亡者追福明証者。独在二真言一。而顕教之中全無二其説一耶。答。不レ爾。今引証意。且以レ是示二大乗縁起難思一耳。非レ謂三但真言有二此説一。既言二此等経文往々而在一。則何必局二此一経一乎[45]。

義海は光明真言の土砂加持が提示された後に「此等経文。往々而在」の語が付記されていることから、元暁はあくまでも亡者の極楽往生を可能とする一具体例としてこの修法を提示したのであって、決して唯一絶対の方法であるとは考えていなかったと主張しているのである。

この見解は決して的を射てはいないのだが、浄土宗内においては大勢を占めていたようであり、きわめて多数の浄土宗僧が自らの著述に『遊心安楽道』を引いているものの、光明真言の土砂加持に関して詳説しているものは皆無である。管見のかぎり、わずかに覚誉撰と伝えられる『大原談義選要鈔』に簡単に紹介されている程度であろう[46]。その点、末尾の一文「幸逢二真言一。令レ出不レ難。凡百君子。誰不二奉行一。散二呪砂墓上一。尚遊二彼界一。況乎呪レ衣著レ身。聆レ音誦レ字者矣」などから、元暁の意図するところは広く光明真言信仰の啓蒙にあったと位置付ける明恵らの認識とは明らかに相違している(47)。

そもそも浄土宗にとって光明真言の土砂加持は、教義的にもことさらに必要性のないものであった。たとえば法然の『往生浄土用心』には、亡者の往生について次のように記されている。

なき人のために念仏を廻向し候へは、阿弥陀ほとけひかりをはなちて、地獄餓鬼畜生をてらし給ひ候へは、此三悪道にしつみて苦をうくる者、そのくるしみやすまりて、いのちをはりてのち、解脱すへきにて候(48)。

また次のような記述もみて取れる。

われとはけみて念仏申して、いそき極楽へまいりて、五通三明をさとりて、六道四生の衆生を利益し、父母師長の生所をたつねて、心のまゝにむかへとらんとおもふへきにて候(49)。

法然は亡者の極楽往生は追福の念仏によっても可能であるし、自らが極楽往生を遂げた後に亡者を極楽へと迎え入れることも可能であるとしているのである。そこには伝統的に光明真言の土砂加持が重視される西塔黒谷で修行していた天台宗出身僧・法然の姿は微塵も感じることができない。

そしてその方向性が浄土宗内に浸透していたことは、『遊心安楽道私記』に「然世之密徒。動恃レ此蔑二視顕詮一者。管窺之甚矣」として、顕教の立場から『十方随願往生経』『梵網経』『本生心地観経』『安楽集』が提示され、密教の修法に頼らずとも、追福の念仏によって亡者の極楽往生は十分に可能となることが強調されている点(50)からも立証されよう。

またその認識は、寛文十二年（一六七二）の羽生村憑霊事件を扱った残寿のルポルタージュ『死霊解脱物語聞書』（一六九〇）からも窺える。この羽生村憑霊事件は十四歳の村娘菊の体に突如憑依した累の怨霊を、祐天（一六三七〜一七一八）が称名念仏によって成仏させたとする事件であり、怪談『累ヶ淵《かさねがふち》』の題材としても広く知られている。

ここにおいて祐天は累の怨霊を成仏させる際、まず「我仏説に眼をさらし、諸人にこれを教ふといへども、皆経論の伝説にて、直に現証を顕す事なし。善哉やこの次でに、経論陀羅尼の徳をもためし、そのうへには、我宗秘賾の本願念仏の功徳をもこゝろみん」として試験的に『般若心経』や光明真言などを唱えてみたが、全く効力がなかったため、「是見たまへよ、かた〴〵。今誦する所の経陀羅尼は、一代顕密の中におゐて、何れも甚深微妙なれ共、時機不相応なる故か、少分も顕益なし。此上は我宗の深秘、超世別願の称名ぞ」と宣言し、いよいよ称名念仏に踏み切ったことが挙げられている。[51]

もちろん祐天は、本憑霊事件に特殊な能力を有する霊能者（エクソシスト）として対応しているわけではない。「累の怨霊」を「地獄の亡者」、「悪霊祓い」を「追善供養」として位置付けることにより、あくまでも称名念仏をたのみとする一浄土宗僧として対応しているのである。ことの真偽はさておき、浄土宗における称名念仏と光明真言の位置付けを窺わせる象徴的な事例として挙げられよう。

一方、元暁入唐説や「元暁—迦才」の相承系譜が創出された背景には、次のような事情があったと考えられる。開宗以来、浄土宗は他宗から天台宗に寄寓する一派であると位置付けられていることに対し、三国伝灯の相承系譜を明示して独立宗団としての資格を認知させる必要に迫られていた。たしかに浄土宗の相承系譜の基本的な方向付けは、すでに聖冏によって確立されていたとみることもできる。たとえば他宗から格好の標的とされていた「善導—法然」の相承に関しても、『観無量寿経疏』

を媒介とする依用相承と「二祖対面」の逸話を根拠とする直受相承の二種を絶対的なものとして強調するのは、取りも直さず聖冏の手法である。

しかし、この主張によっても直受相承偏重の傾向が強い他宗の納得を得られることは決してなかった。夢告による法義継承である以上、たとえ善導の印可を強調したところで依用相承であるとする批判はどうしても免れないのである。そこで聖聡は新たに二通りの手段を用いて他宗に反論しようと試みる。一つは他宗の相承系譜から直受相承でない箇所を具体的に指摘して、その姿勢を牽制する方法であり、今一つは多少史実にない逸話を創出してでも浄土宗の相承系譜を直受相承中心のものへと再構築し、他宗の批判をかわそうとする方法である。

もちろんそれは、伝法制度の普及と相承系譜の確立をライフワークとする聖聡の行動とは逆行するものであり、そこに今日、この『浄土三国仏祖伝集』が偽撰ではなかろうかとして疑問視される最大の要因が存在する。

いずれにせよ、浄土宗の相承系譜の再構築に元暁はきわめて好都合な存在であった。そもそも華厳宗の祖師と位置付けられていた元暁が、浄土宗の相承系譜の再構築にクローズアップされることとなったのは、『選択本願念仏集』に浄土宗名の典拠として『遊心安楽道』の一文「浄土宗意。本為二凡夫一兼為二聖人一」が挙げられていたこと、そして『宋高僧伝』「唐新羅国黄龍寺元暁伝」に「嘗与二湘法師一入レ唐。慕二奘三蔵慈恩之門一」の語句が存在したことに由来するものと言ってよい。また『遊心安楽道』と『浄土論』との教学的類似性から元暁、迦才に何らかの関係が存在したとみることは、当時において衆目の一致するところでもあった。

そこで『浄土三国仏祖伝集』は『宋高僧伝』などから得られるさまざまな情報を取捨選択し、さらにその一部を誇大解釈することによって［元暁―迦才］という直受相承を創出し、この相承を慈愍流の系譜に組み入れようと試みる。これによって浄土宗の相承系譜をさらに充実したものにしようと考えたのである。

しかし、これらの荒唐無稽な虚偽の羅列が事態の好転をもたらすことは決してなかった。それは『浄土三国仏祖伝集』以外に元暁入唐説や［元暁―迦才］の相承を提示するものが存在しない点、また本書がわずかの写本しか現存せず、決して広く流布していたとは思われない点などからも立証が可能となろう。

註

(1)『浄土宗全書』続一七巻、三二一頁上。
(2)『浄土宗全書』続一七巻、三三一頁上。
(3)『宋高僧伝』「唐新羅国義湘伝」(『大正新脩大蔵経』五〇巻、七二九頁a)。
(4)『大正新脩大蔵経』四九巻、一〇〇六頁c。
(5) 本井信雄「新羅元暁の伝記について」(『大谷学報』四一巻、一九六一年)四六頁下。
(6) 道端良秀『中国仏教史全書』(書苑、一九八五年)第六巻、四二頁。
(7)『浄土宗全書』続一七巻、三〇九頁上。
(8)『黒谷上人語灯録』漢語第一之三『阿弥陀経釈』(『浄土宗全書』九巻、三六九頁下)。また『昭和新修法然上人全集』一四五頁。
(9)『浄土宗全書』七巻、八頁。また『昭和新修法然上人全集』三一三頁。もっとも法然が指摘した二種の高僧伝にそのような相承系譜を確認することはできず、また中国においても元照（一〇四八～一一一六）の『無量院造弥陀像記』に挙げられる［廬山慧遠―善導―懐感―智覚―慈雲］、志盤の『仏祖統紀』（一二六九）に挙げられる［廬山慧遠―善導―承遠―法照―少康―延寿―省常］などの相承系譜が確認されるものの、法然指摘のものと同一の系譜はみることができない。おそらく二種の高僧伝を参考に法然が独自に創出したものであろう。

(10)『類聚浄土五祖伝』は『浄土宗全書』九巻、『昭和新修法然上人全集』、『大正新脩大蔵経』八三巻に収められている。

(11)『浄土宗全書』二巻、五八頁下。

(12)『大日本仏教全書』一一四巻（興福寺叢書第二）、一〇三頁下。また恵谷隆戒『補訂概説浄土宗史』（隆文館、一九七八年）四〇頁。

(13)恵谷註(12)前掲書、四六頁。

(14)『夢感聖相記』は道光（一二四三～一三三〇）編『拾遺黒谷語灯録』に収められている（『浄土宗全書』九巻、四五五頁、上。および『昭和新修法然上人全集』八六二頁）。また親鸞（一一七三～一二六二）編『西方指南抄』にも『法然上人御夢想記』として同内容の夢告が挙げられている（『昭和新修法然上人全集』八六〇頁）。ところで田村圓澄氏は、この「二祖対面」の逸話は旧仏教側から浴びせられる批判に対して自宗の正統性を主張するため、法然没後に作成されたものとされている（田村圓澄『法然上人伝の研究』、法藏館、一九五六年、二五一頁）。しかし筆者はそのようには捉えていない。ここにおいて法然は善導に対して二つの質問を行なっている。このうち、後者に関しては結果的に回答が得られておらず、いまだ法然が混迷の中にあったことを暗示するものであると考えられる。はたしてこの逸話が［善導―法然］の直受相承を主張するため、後世に作成されたものであるならば、新たなる批判が予測される二つ目の質問は何ら必要性がなく、当然削除されて然るべきではなかろうか。このことからも筆者は、この「二祖対面」の逸話が門下の全くの捏造であったのではなく、実際に法然の見た夢が、後世になってから自宗の正統性を主張する上で利用されたものと考えるのである。

(15)『昭和新修法然上人全集』七九四頁。文中の「玉泉」とは天台宗のことを指す。

(16)『没後起請文』（『昭和新修法然上人全集』七八四頁）など参照。

（17）『昭和新修法然上人全集』三四七頁。ここには「三重の選択」理論を要約した「三選の文」を挙げておく。
（18）『昭和新修法然上人全集』三四七頁。
（19）『浄土宗全書』一七巻、七頁下。
（20）『元亨釈書』一八巻「志一」（『大日本仏教全書』一〇一巻）四七〇頁上。また夢窓疎石の見解は『夢中問答集』（『禅学大系』祖録部所収）から窺える。
（21）『国史大系』八巻（『日本逸史』一二巻）八四頁。また同巻（『日本逸史』一四巻）一〇一頁。
（22）『釈浄土二蔵義』（『浄土宗全書』一二巻所収）、『浄土二蔵二教略頌』（『浄土宗全書』一二巻所収）、『浄土真宗付法伝』（『浄土宗全書』続一七巻所収）、『顕浄土伝戒論』（『浄土宗全書』一五巻所収）、『五重指南目録』（『浄土伝灯輯要』上巻所収）。
（23）『往生記投機鈔』（『浄土宗全書』九巻所収）、『授手印伝心鈔』（『浄土宗全書』一〇巻所収）、『領解授手印徹心鈔』（『浄土宗全書』一〇巻所収）、『決答疑問銘心鈔』（『浄土宗全書』一〇巻所収）。
（24）『浄土真宗付法伝』（『浄土宗全書』続一七巻所収）参照。「浄土真宗」の名称は元来法然教学そのものを指す語句であり、浄土宗においても早くから一般的に使用されていた。安永三年（一七七四）、親鸞（一一七三～一二六二）を開祖とするいわゆる一向宗が「浄土真宗」の名称使用を幕府に求めて以降、両宗はその名称使用に関してさまざまな争いを繰り返すこととなり、現在の浄土真宗にその名称使用が公許されたのは明治五年（一八七二）に至ってのことである。
（25）『浄土宗全書』続一七巻、三〇六頁上。
（26）『浄土宗全書』続一七巻、三三八頁下。
（27）『浄土宗全書』続一七巻、三三八頁下。
（28）『大正新脩大蔵経』五〇巻、七二九頁a。
（29）『大正新脩大蔵経』五〇巻、七三〇頁a。
（30）『大正新脩大蔵経』五〇巻、七二九頁a。
（31）『大正新脩大蔵経』五〇巻、七三〇頁a。

(32)『大正新脩大蔵経』五〇巻、七二九頁b。
(33)『浄土宗全書』七巻、四頁。また『昭和新修法然上人全集』三一一頁。
(34)『浄土宗全書』七巻、五七頁。また『昭和新修法然上人全集』三三九頁。
(35)本井註(5)前掲論文。
(36)『浄土宗全書』七巻、七一頁。また『昭和新修法然上人全集』三四八頁。
(37)『大正新脩大蔵経』五〇巻、八九〇頁b。
(38)『浄土宗全書』続一七巻、三二一頁上。
(39)『浄土宗全書』続一七巻、三三九頁下。
(40)註(9)『選択本願念仏集』。および良定撰『浄土血脈論』(『浄土宗全書』続一七巻、三四二頁下)、懐山撰『浄統略讃』(『浄土宗全書』続一七巻、三六六頁上)等参照。
(41)註(40)。また両者とも道綽・善導流の系譜については、『選択本願念仏集』に挙げられる法然の見解をそのまま挙げている。
(42)『夢中松風論』は『浄土宗全書』続四巻所収。また『浄土十勝節箋論』は大谷大学等に寛文三年(一六六三)刊本が、京都大学等に嘉永五年(一八五二)刊本が、大正大学等に刊年不明本が存在する。
(43)当時、いまだ浄土宗から朝廷への願いごとはすべて青蓮院門主の介添えによらねばならず、また紫衣などの着用承認も青蓮院門主の権限とされていた。もっともそれらの状況は、決してこの良純法親王の就任によって解消されたわけではない。
(44)『徳川禁令考』(司法省、一八九五年)第五帙、七三丁。また恵谷註(12)前掲書、一四八頁。
(45)『浄土宗全書』続七巻、二五三頁下。もっとも「此等経文。往々而在」の一語は、密教的手法の提示を軟化させようとの意図があったわけではない。この一語は、典拠として提示された二箇所に及ぶ『不空羂索神変真言経』の「経文の形態」が『遊心安楽道』撰述当時に多数存在し、非常に不明瞭な状態にあったことに対する注意書きとみるべきである。本書二章に論じた通り、そもそも『遊心安楽道』の実質的な撰述者は八世紀の東大寺僧智憬(生没年不詳)である。この当時、『不空羂索神変真言経』はその誤字脱字の多さから有名無実経典として位置付けられており、便宜的に趣の異なった『不空羂索神変真言経』十部を一括した『新羂索経』なる経典まで作成されていた。自ずと引用に際しては十分な配慮が必要だったのであろう。

(46)『浄土宗全書』一四巻、八六八頁下。

(47) たとえば明恵は『光明真言土砂勧信別記』に、「然れば青丘大師信仰を勧めたまへる事は、其心自利利他を兼ねたり。必ずしも他人の墓に限らず。若し自利を兼ねば、没後には我は心識なり。必ずしも人に嘱ふべきにあらねば、兼ねて随身せんに、信仰の功徳弥〻深からん。有心の君子誰が奉行せざらんといへる詞、其心甚だ広し。必ずしも没後に人に契りをけとのみ云ふにはあらざるなり。此大意を得をはりて、深く信徳あらん人の、若し在生より随身せば、命も縮まり悪くやあるべきと云ふ、問をなさんに対して、現世の勝利を出すなり。此問答もうるさし。詮ずる所は現世に真言を持念し、後生に土砂の勝利を仰がれば、是勧信の本意なり」(『真言宗安心全書』下巻、三三頁)と述べている。

(48)『浄土宗全書』九巻、六五一頁下。また『昭和新修法然上人全集』五六〇頁。

(49)『浄土宗全書』九巻、六五一頁下。また『昭和新修法然上人全集』五六〇頁。

(50)『浄土宗全書』続七巻、二五三頁下。

(51)『死霊解脱物語聞書』(叢書江戸文庫二六『近世奇談集成』一巻、国書刊行会、一九九二年)三六五頁。

あとがき

これまで我が国の仏教史研究は、朝鮮半島の仏教を基点として概観する作業をなおざりにしてきた。それはひとえに我が国において朝鮮半島の仏教が、中国仏教の模倣にすぎないと妄信されていたことに由来するものと言ってよい。そしてここにおいて生じた数々の誤解は、朝鮮半島の仏教史研究のみならず、我が国の仏教史研究のグローバル化をも妨げる足枷となっていた。

たとえば我が国では元暁の著述とされていた『遊心安楽道』の存在により、朝鮮半島では早くから光明真言が広く一般化していたと認識され、我が国の光明真言信仰は新羅仏教に端を発するものとして位置付けられてきた。しかし『遊心安楽道』は明らかに我が国で撰述された著述であり、当然のごとく朝鮮半島において光明真言信仰が興隆したなどという事実は確認することができない。そのためこの問題にまつわる日韓両国の研究は、大きく趣を違えたまま長期にわたって平行線を辿るしかなかったのである。

たしかに今日、我が国においてもいくつかの大学で朝鮮半島の仏教に関する講座が開設されている。しかし失礼ながら、それらの多くは韓国の大学で行なわれているものをそのまま翻訳輸入したものにすぎず、受講した研究者や韓国人留学生の多くを落胆させる結果となっているのも事実とせねばなるまい。朝鮮半島の仏教の研究に関して日本の大学や研究機関に求められているのは、決してそのような韓国における研究方法論の踏襲ではない。李朝の排仏や日本の統治などにより我が国に多数流入しているさまざまな史料を正確に調査研究し、その結果に立脚した日本独自の研究方法論を確立することにこそ見出されるべきである。

具体的に言えば、我が国には韓国国内に現存する数十倍もの高麗仏画や朝鮮梵鐘が存在する。誤った解釈により中国製と位置付けられているものや、その存在すら公表されていないものも加えれば、その数はさらに膨大なものとなるだろう。そのため韓国国内に居ながらの研究は不可能であるとして我が国を訪れる韓国人研究者も少なくないのだが、はたして我が国の大学や研究機関がそのあたりの事情を理解し、研究者の要望に応えられるような環境を整えているかははなはだ疑問である。

もちろん仏教に関する研究史料は、伝承と史実とが必ずしも一致しないことから信仰上の不都合へとつながりかねないため、さまざまな制約を受けることが多い。ある種、それは至極当然のことと言ってよいだろう。しかしながらその一方で、それらの開示がないかぎり、今後の研究の進展が見込めないのもまた事実である。ならばその進展には、信仰の領域を侵さない範囲で行なわれる慎重なフィールドワークと、机上を離れた研究者の熱意と行動力が必要不可欠となるのではないだろうか。

事実、筆者はかつて京都の来迎院に所蔵される非公開資料『遊心安楽道』を拝見させていただきたいと再三再四にわたって御住職にお願いし、山門の前で数日間粘り続けることによって、とうとう数週間に及ぶ独自調査のお許しをいただいた経験がある。また修復過程に関する疑問に関しては、実際に修復作業を行なった方々からお話をうかがうため、西へ東へと飛び回り、いくつかの貴重な情報を得ることにも成功した。研究者の熱意によって大きく研究が進展していくことを、身をもって立証したのである。そのような観点からも、筆者は本研究を今後の日韓仏教史研究の新たなる方向性と可能性を示唆するものであると考えている。

顧みれば、筆者はきわめて恵まれた環境にあったとつくづく思う。昭和四十年代半ばから五十年代にかけて韓国全羅北道裡里市の圓光大学校に赴任していた亡父顕昌のおかげで、韓国側の研究史料や情報に不自由することはほとんどなかった。また浄土宗系、曹洞宗系、真言宗系の各宗門大学で学ばせていただく機会にも恵まれ、宗学研究にありがちな閉塞感などを感じることもなく、多面的な研究を自由気ままにさせていただいたようにも思う。そしてさらに坪井俊映先生、前田惠學先生、鎌田茂雄先生、平雅行先生と各分野の重鎮である諸先生方に御指導いただき、その一言一言が研究上、大変な刺激となった。

たしかにいまだ試行錯誤の毎日ではあるが、『遊心安楽道』研究の一つの節目として本書上梓に至ったのも、ひとえに諸先生方の御教導や、筆者の稚拙な研究を支えていただいた多くの方々の御厚情の賜物であると感じている。ここに心から御礼申し上げたいと思う。また併せて今回、本書上梓の機会をいただいた「日本仏教史研究叢書」編集委員会、並びに法藏館編集部の方々にも篤く御礼を申し上げたいと思う。

平成十七年大晦日

愛宕邦康九拝

成稿一覧

第一章　『遊心安楽道』元暁偽撰説とその撰述者論争
「『遊心安楽道』の撰述者に関する一考察――東大寺華厳僧智憬との思想的関連に着目して――」（『南都仏教』七〇号、一九九四年）、「大覚国師義天と『遊心安楽道』――『義天録』における『遊心安楽道』不載の問題に着目して――」（『印度学仏教学研究』四三巻、一九九四年）、「『不空羂索神変真言経』の引用に見る『遊心安楽道』新羅撰述説への疑問」（『東海仏教』四〇輯、一九九五年）、「円珍請来の菩提流志訳『不空羂索経』一巻について」（『待兼山論叢』三二号、史学篇、一九九八年）をベースとして作成した。

第二章　『遊心安楽道』の実質的撰述者・東大寺智憬
「『遊心安楽道』の撰述者に関する一考察――東大寺華厳僧智憬との思想的関連に着目して――」（『南都仏教』七〇号、一九九四年）をベースとして作成した。

第三章　『遊心安楽道』来迎院所蔵本の再検証と問題点
「『遊心安楽道』来迎院本の包紙」（『印度学仏教学研究』四四巻、一九九五年）、「『遊心安楽道』来迎院本の再検討と問題点」（鎌田茂雄博士古稀記念『華厳学論集』、大蔵出版、一九九七年）、「浄土宗における元暁像について」（『仏教文化研究』四六号、二〇〇二年）をベースとして作成した。

第四章　『華厳宗祖師絵伝』における元暁像の変容
「『華厳宗祖師絵伝』「元暁絵」の制作意図に関する一試論」（『印度学仏教学研究』四五巻、一九九六年）、「元暁伝の一形態——我が国における元暁像の背景——」（『東海仏教』四二輯、一九九七年）、「『遊心安楽道』における光明真言の土砂加持の位置付け」（『種智院大学研究紀要』四号、二〇〇三年）をベースとして作成した。

第五章　『浄土三国仏祖伝集』における元暁像の変容

「元暁伝の一形態——我が国における元暁像の背景——」（『東海仏教』四二輯、一九九七年）、「『浄土三国仏祖伝集』における元暁の位置付け」（『印度学仏教学研究』四八巻、一九九九年）、「浄土宗における元暁像について」（『仏教文化研究』四六号、二〇〇二年）、「『死霊解脱物語聞書』刊行の背景」（『南都仏教』八三号、二〇〇三年）、「祐天隠遁再考」（『印度学仏教学研究』五二巻、二〇〇三年）、「法然『夢感聖相記』考」（『史敏』三号、二〇〇六年）をベースとして作成した。

日本仏教史研究叢書刊行にあたって

仏教は、普遍的真理を掲げてアジア大陸を横断し、東端の日本という列島にたどり着き、個別・特殊と遭遇して日本仏教として展開した。人びとはこの教えを受容し、変容を加え、新たに形成し展開して、ついには土着せしめた。この教えによって生死した列島の人々の歴史がある。それは文化・思想、さらに国家・政治・経済・社会に至るまで、歴史の全過程に深く関与した。その解明が日本仏教史研究であり、日本史研究の根幹をなす。

二十世紀末の世界史的変動は、一つの時代の終わりと、新たな時代の始まりを告げるものである。歴史学もまた新たな歴史像を構築しなければならない。終わろうとしている時代は、宗教からの人間の自立に拠点をおいていた。次の時代は、再び宗教が問題化される。そこから新しい日本仏教史研究が要請される。

新進気鋭の研究者が次々に生まれている。その斬新な視座からの新しい研究を世に問い、学界の新たな推進力となることを念願する。

二〇〇三年八月

日本仏教史研究叢書編集委員

赤松徹真　大桑　斉
児玉　識　平　雅行
竹貫元勝　中井真孝

愛宕　邦康（あたご　くにやす）
1966年鳥取県に生まれる。1996年愛知学院大学大学院博士課程（宗教学）満期退学、2002年大阪大学大学院博士課程（文化形態論）修了。東海学園女子短期大学、種智院大学非常勤講師等を歴任。大阪大学博士（文学）。主要論文に「『遊心安楽道』の撰述者に関する一考察―東大寺華厳僧智憬との思想的関連に着目して―」（『南都仏教』70号、1994年）、「『華厳宗祖師絵伝』「元暁絵」の制作意図に関する一試論」（『印度学仏教学研究』45巻、1996年）、「『死霊解脱物語聞書』刊行の背景」（『南都仏教』83号、2003年）等がある。

日本仏教史研究叢書
『遊心安楽道』と日本仏教

二〇〇六年六月三〇日　初版第一刷発行

著　者　愛宕邦康
発行者　西村七兵衛
発行所　株式会社　法藏館
京都市下京区正面通烏丸東入
郵便番号　六〇〇-八一五三
電話　〇七五-三四三-〇〇三〇（編集）
〇七五-三四三-五六五六（営業）

印刷・製本　亜細亜印刷株式会社

ISBN4-8318-6034-4 C1321